BLACK SWAN 黑天鹅图书

为 人 生 提 供 领 跑 世 界 的 力 量

麦肯锡图表工作法

麦肯锡精英图表分析与解决问题技巧

〔日〕齐藤显一　竹内里子　著
金磊　译

中国友谊出版公司

前　言

一流精英的价值何在?

差不多两年前，我在Business・Breakthrough（BBT）大学院担任教授一职，有一次进行面授时，曾有一位女学生向我问了这样一个问题："老师！我知道发现本质性的问题，对于解决问题来说非常重要。当然我也明白，要想发现本质性的问题，需要事先搜集和分析大量的信息，并在这些工作的结果上总结整理出所谓的'事实真相'。可是，因为我从来没有过搜集信息的经验，所以我不知道该去哪儿搜集什么样的有用信息。到底该怎么做才好呢？"

她的这个问题，让当时一直认为搜集信息是理所当然的我一时间很受冲击，这完全是我预料之外的一个问题。

这里要向不明就里的各位读者简单说明一下，BBT是一所互联网线上大学，我在担任企业顾问的同时，也是这里的兼职教授。平时都是通过互联网来进行授课的，学生中不乏一边工作一边学习的人，所以像这种当面授课的机会还是比较特别的。

进行面授前我从教务员那里听说，“目前最让学生感到棘手的，就是信息搜集这个环节”。可是，“搜集信息”这一过程又可以说是通往“解决问题”的必经之路，而且必须要在这个最基本的环节上，搜集最真实的信息才行。虽说比较麻烦，但还是要坚持去做的——这就是我当时的观点。

因此，我要感谢开头的那个问题，正是这个女生的提问让我开始意识到，自己此前的讲座内容更多的还是以培训专业的分析师或者顾问为目的设计的。

18年前，当我开始总结所谓“问题解决法”时，面对的授课对象都是受雇公司的员工或者隶属于企业“经营企划部门”的专业人士。内容也主要是基于顾问公司在招聘、培训新员工时的经验，当然也就默认他们已经掌握了“信息的搜集和分析”技能，并以提升这种能力作为当时课程设计的目标。

就当时的情况来说，授课的对象主要是企业的经营者或者主导企业改革的经营企划人员等这样的高层次人群，培训的目的就是要让他们能成为有较高事业目标的、解决问题的专家。这么来看的话，当初的内容设定并没有什么问题。

在BBT学生交上来的毕业研究报告中，也开始越来越多地见到接近“顾问咨询公司专家”的观点内容，这真的让我感到很欣慰。

但是，纵观多数企业和组织的现状，我发现这些企业和组织眼前亟须的，并不是以解决问题为职业的顾问或者经营企划专家，而是那些能够在商业的现场，即自己奋战的第一线，以自己的方式去理解问题并积极主动地解决问题的非专业人士。企业或组织要想获得真正的变革，不能指望那些顾问专家，而是要靠这些解决问题的实践者。因此，让他们学会解决问题的方法，才是真正有价值的事情。

图表1　非专业人员拥有的解决问题的能力可以改变一个企业

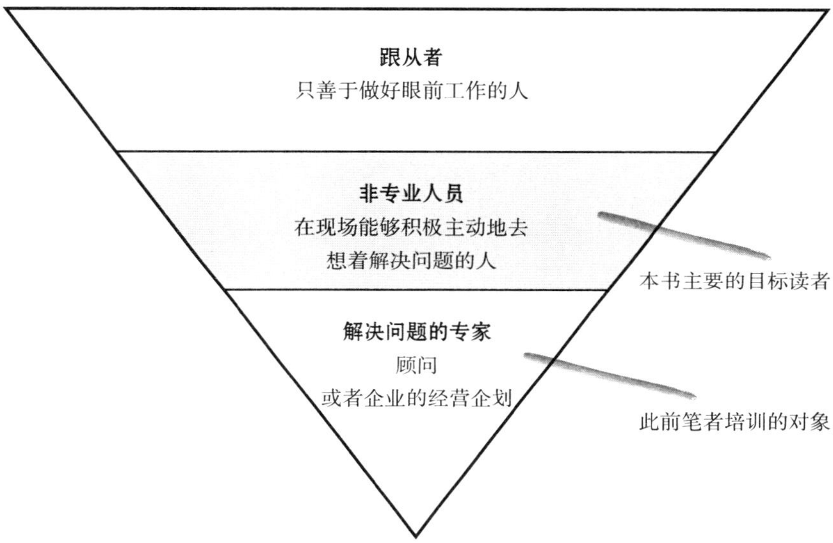

POINT　**身处现场第一线的人，能够依据自己对问题的理解，积极主动地去想如何解决问题，而这能为企业带来变革。**

正确地捕捉问题

但是话说回来，像这位女学生问题中所说的那样，能够捕捉到“本质性的问题”的人，又有多少呢？“本质性的问题”这种提法好像平时也有人会不经意间用到，但是对于解决问题来说，却具有非常重要的意义。

所谓“发现本质性的问题”，指的就是要准确地捕捉问题的关键点。而为了实现这一点，就需要事先做好大量的功课，还要有系统的理论知识储备。这也正是我们需要求助于顾问专家的原因。

也许各位读者看到这里会困惑，难道找到问题的关键点就这么复杂吗？其实大家不妨设想一下，例如自己公司的销售状况迟迟没有起色，原因是什么呢？把这个问题抛给十个员工，恐怕你会得到十种不同的答案。

有的认为是产品不够好，也有的认为是没有开发新的客户，还有人会说是培训不到位，或者没有配备产品手册，甚至还有人会认为是公司工作氛围太差导致的，等等这样的理由。

这些答案放在一起，可以说既有很抽象的问题，也有很具体的问题；既有宏观的问题，也有细枝末节的问题。

而我们所要发现的“本质性的问题”，就是要建立在对这些问题的梳理之上，明确事物间的联系，找出导致“问题现象”的根本原因。是不是感觉很厉害？也许你会觉得这是只有专家才能做的事情，非专业人士只能望而却步了吧。

解决问题的方式

这里我们再来看看在“解决问题”的方法上，专家与非专业人士的不同之处。虽然客户所从事的都是自己此前完全不了解的行业，但是作为专家，就是要能帮助他们发现问题，并提出解决的方案，因为这就是他们的职业。

对于从来没有身处过行业一线的人来说，要用自己的观点说服已经在这个行业里摸爬滚打多年的企业经营者，是十分有难度的。基于一知半解给出的方案，是很难让人信服的。因此，要想找出问题的关键点，需要事前搜集海量的数据，进行缜密的分析，在理论上做到滴水不漏才行。这就是顾问专家这个职业解决问题的基本流程。

同样，专业分析师也都是如此。他们很清楚针对某个问题，要搜集什么样的信息、怎样搜集、怎样分析才能导出正确的答案。通过日积月累的钻研，才能向专家提交符合要求的报告，这是他们赖以为生的职业。要做到这

图表2　专家与非专业人士发现问题的不同之处

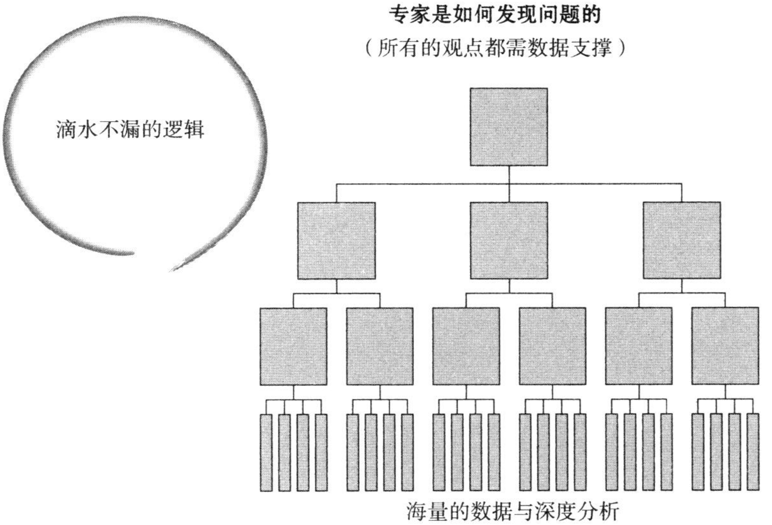

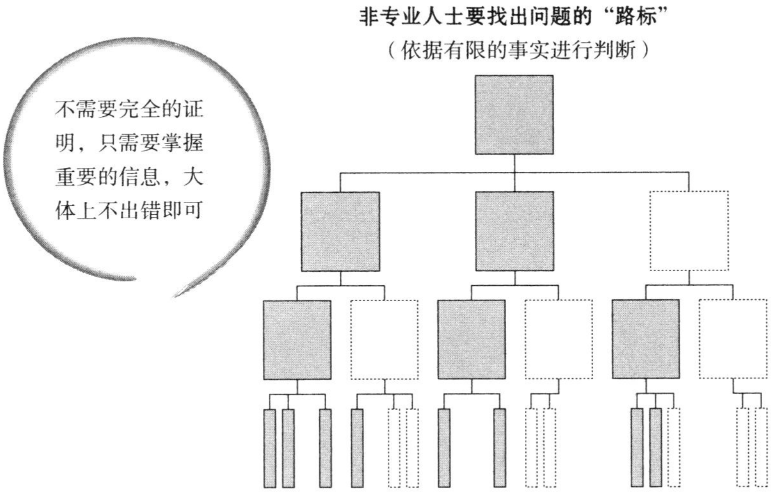

POINT　专家的工作就是搜集庞大的数据并对其进行缜密的分析。而对于非专业人士来说，只要能从事实中找出问题的“路标”就可以了。

一点必须具备统计、信息处理、数据完整性分析等专业知识，否则无法进行复杂的分析。

但是，对于非专业人士来说，并不要求具备如此高难度的技术和严谨性。作为非专业人士，各位读者如果也想要通过实践来解决问题，大可不必达到这种高度。为什么这么说呢?

各位虽然在“解决问题”上不是专家，但是在对自己公司实际情况的了解上，可都称得上是专家呢。

正因为大家都十分了解自己公司的组织结构与事业状况，所以只要能找出解决问题的大致方向，即发现问题的“路标”，就已经足够了。即便还不能完全理解问题所在，但只要方向是正确的，就可以先尝试一些解决对策。如果效果不理想的话，只需及时修正方法就好了。

问题的“路标”让我们接近问题的核心

所谓“路标”，当然不是胡思乱想出来的。在重要项目上采用“事实调查（数据）”和“访谈（定性信息）”的方式来准确搜集信息，再以此为基础才能找出问题的关键。

要获得100%的事实证明，需要花费大量的劳动力，但其实只要搜集一定程度的信息，就已经能够帮助我们进行准确的假设判断了。而对于现在的企业来说，并不需要专门解决问题的人，恰恰需要的是具备解决问题能力的非专业实践者。

正如前面所说的那样，忠于事实是解决问题必不可少的前提条件，为此我们要搜集一定数量的数据，但实际上，只要能掌握可帮助我们看出“解决问题的方向”的重要数据，也就足够了。我们并不需要运用分析师常用的复杂技术，对这些数据进行高深的分析，取而代之的是通过绘制图表的方式来理解这些数字的含义即可。如果搜集的信息还不够充分的话，可以再去对客户或第一线的员工进行访谈或调查问卷，也能帮助我们了解大致的情况。

因此，大家不必畏惧不前，完全可以学会这种“非专业的问题解决法”。

本书就是为那些大企业或中小企业，还有同样想要提高自己部门或公司业绩的人所写的。主要内容就是教大家怎样更简单地找到问题的“路标”，并给出解决方案，然后获得成效。

通过绘制图表来加深理解

本书主要就是教大家为了找到问题的“路标”，该进行哪些必要的步骤，该如何分析信息找出其中的含义。并且假设读者都没有搜集和分析信息的经验，所以书中建议大家搜集的信息，都是最低限度的、最基本的数字而已。

要想从这些基本的数字中，发展出相应的思考，绘制图表不失为一种非常有效的方法。“图表”就是通过图形或流程图等概念图的形式，将信息视觉化的结果，能让此前罗列在自己面前的数字或定性信息，那些自己怎么也看不懂的数据，一下子变得容易理解起来。

“咦？为什么这里是这样的呢？”图表化以后，像这样单纯的问题，都会不断地涌现出来，这就是一大进步。因为有疑问才会有思考。

本书章节的顺序安排，如图表3中所示，是按照解决问题的流程写成的。为了避免一开始就引用企业的案例导致大家不好理解的情况，笔者在序章中先用非常简单的案例，解释了何谓“问题路标”以及如何通过图表来理解问题的真相。

从第一章开始，以身边的街头面包房为例，说明解决问题的要点。

图表3　根据解决问题的流程安排本书的内容结构

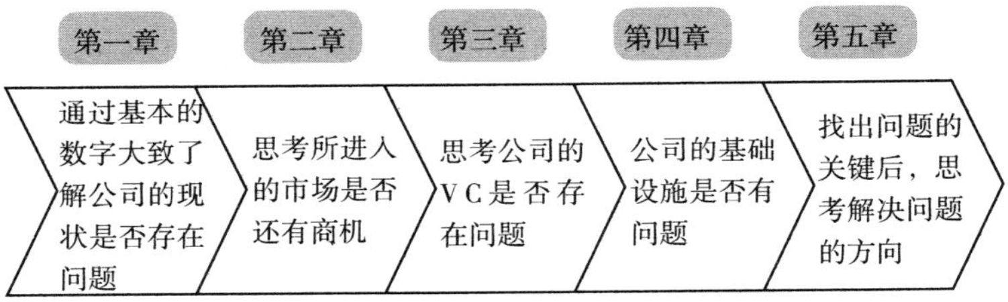

VC=Value Chain（创造价值的流程）
与提升销售额的对策相关

第一章，首先通过基本的数字来分析自己公司的现状，判断是否存在问题、问题是否严重。第二章，弄清楚所进入的市场是否还有商机。第三章，思考自己公司的价值链（提升销售额的对策）是否有问题，其原因又是什么。

第四章则是对公司基础设施（部门、员工、企业文化）问题的思考。只有在对其深刻理解的基础上，解决这些可能存在的问题，才能得到发展的机会。只有弄清了问题所在，才能着手思考解决之策。所以，第五章的内容，就是如何找出解决问题的方向。

同时，由于已将需统计或从文献资料中搜集的信息数量，都限制在最小范围内，所以对客户、顾客、公司员工的访谈就变得十分重要。本书第三章中就针对“提问的技巧”进行了讲解。

另外，为了让读者更容易理解，案例中的一些数据都是虚构的。这些图表以及专栏的内容，是由BBT的专任教师，同时也是鄙社的高级顾问竹内里子负责撰写的。

Business・Breakthrough大学/大学院 教授

ForeSight & Company董事长

齐藤显一

目录

CONTENTS

序　章　通过案例，用图表找出问题所在

第一章　通过数字了解全局

第五章 弄清问题的本质，给出解决方法

后 记

序章

通过案例，用图表找出问题所在

01 先学会“用事实思考”

真相就隐藏在数字之中

职位晋升以后，负责新的业务并接待新的客户，大家都想让自己的工作能够顺顺利利地开展下去。那么，这种情况下，你会怎么做呢?

是继续坚持迄今为止自己所熟悉的工作方式还是去模仿前辈的做法?或者去书店寻找经营管理类的“指导书”，并尝试实践那些书本上的知识?笔者认为种种这些努力，只不过是延伸了自己所了解的知识而已，这个过程中还要花费大量的时间，但实际上并不会给业绩带来很大的变化。

当你困惑于事业没有起色、不知道该怎么做才好时，最好事先找出到底是哪里出了问题。只有弄清楚了这些，才能着手考虑解决之道，并发现有效的突破口。

很多人认为通过模仿别人成功的例子，也能让自己同样获得成功，其实这只是错觉。除非你所遇到的问题与别人完全相同，否则是没有办法通过这种方式找到正确的对策的。

首先要弄清楚的是，问题到底出在哪儿，思考什么样的解决对策，从而总结出笼统的观点，即“问题的路标”。因此，必须要对事实先有一个准确的了解，不是靠预测或经验来做判断，而是要坦诚虚心地去看待“正在发生的事实”。要做到这一点，就必须借由数字来找出问题。

比如说，我们来看看大家现在都很热衷于讨论的“减肥瘦身”的话题。

“最近变得太胖了，好烦啊。感觉体重就要逼近三位数了啊……”

“那真是太可怕了。但是看起来好像还好啊。”

“啊？难不成我还瘦了一点点下来？”

“是啊，看来减少糖分摄入的瘦身方法也是有效果的呢！”

你是不是经常听到类似的对话？

如果纯粹是为了享受交流和沟通乐趣，那这样的对话也无不可。可要是较真的话，想要客观地了解问题，就要有一些必要的数据信息了。

当你意识到“最近变胖了（裤子变紧，懒得走路）”这样的问题时，为

图表4 通过事实来发现问题所在

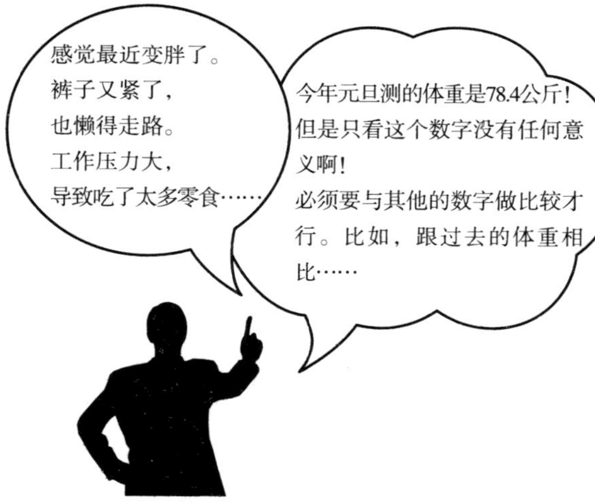

需要哪些材料？

—与过去照片的对比

—测量腰围的数据

—测量体重的数据

重要的数据（事实）是哪些呢？

—体重

—体脂肪率

—显著部位的尺寸（腰部、脖子等）

POINT **基于客观事实来分析当前的状况，这能帮助我们找出问题所在的切入点。**

了验证这个判断，需要有哪些“材料（事实）”来支撑呢？此时最重要的一个数据就是“体重”了。而且不仅仅要有现在的体重数据，还必须要与过去的体重数据进行对比。此外，通过锻炼身体带来的正常的肌肉增长、体重增加的情况也要考虑在内，因此，体脂肪率以及身体显著部位的尺寸等数据也要搜集。

只有掌握这些事实数据，才能让自己避免陷入抽象的思考，弄清楚体重具体增加了多少，这样才能明白问题的严重程度。

反之，如果不依据事实，仅凭印象去下结论“看起来好像没那么胖啊”，这样就会将问题的讨论引向含糊不清的方向，最后得出结论“这种瘦身方法肯定有它流行的道理吧”，即让问题的结论与思考的过程本末倒置了。

企业的运营也是一样的道理，要基于客观事实（我们也把这叫作“事实基础”）来分析当前的状况，这能帮助我们找出解决问题的切入点。

02 图表让问题变得更容易

仅仅罗列数字是很难让人读懂的

现在，你已经知道了基于事实基础的问题分析是很重要的了。那么，要想通过事实基础找到问题所在，还需要做些什么呢？接下来，我们以“50岁以后开始烦恼自己体重增加”的显太君的案例来说明吧。

首先，“体重的变化”是一项重要的事实，可以像图表5上方那样，列出一张数字表格。实际上，像这种完全只是罗列出数字的表格，在很多不习惯使用图表的公司或组织中都较为常见。

你能从这张数字表格上一下子就读出到底有什么含义吗？感觉应该很难吧。虽然能注意到数字较大的变化带来的异常，但其背后隐藏的含义，是很难领会的。

那么，如果像图表5下方那样转化成图表的形式呢？数字从顶峰开始有一个较大的下落，并在之后有一点一点攀升的走势，是不是让人感觉一目了然呢？通过对这些数字的分析，就会很容易让人想要提出疑问：“为什么体重在2012年有一个较大的下降？”“之后体重又开始有增加的倾向，为什么

图表5　图表化后让数字背后的含义显现

显太君的体重变化

月	2010年（54岁）	2011年（55岁）	2012年（56岁）	2013年（57岁）	2014年（58岁）	2015年（59岁）
1	76.1	78.0	77.8	72.3	74.1	75.9
2	76.1	77.8	80.9	72.0	74.4	76.2
3	76.2	77.8	81.2	72.1	74.2	76.3
4	76.5	77.8	81.5	72.5	74.2	76.5
5	76.4	78.0	81.2	72.2	74.1	76.5
6	76.5	78.3	80.7	72.5	74.5	76.7
7	76.4	78.6	79.2	72.5	74.7	77.0
8	76.5	78.9	76.0	72.0	74.4	76.9
9	76.6	79.0	74.0	72.3	74.6	77.1
10	76.8	79.1	72.0	72.6	75.0	77.4
11	77.1	79.3	71.0	73.0	75.3	77.6
12	77.4	79.8	71.5	73.5	75.4	78.2

（公斤）

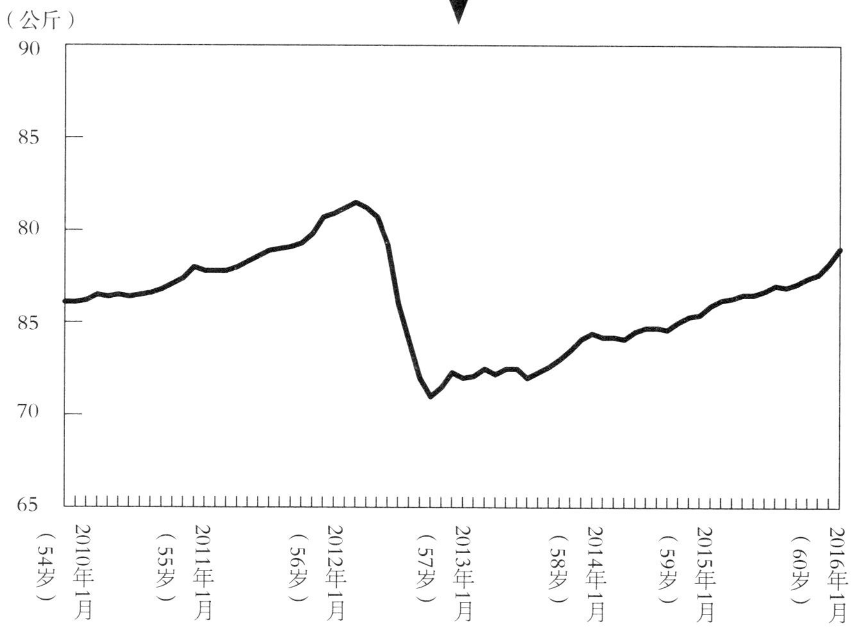

POINT　单纯地罗列数字的表格与视觉化的图表，
哪一个能更好理解数字背后的含义呢？

无法保持呢？”

所谓“绘制图表”，其实就是将事实数据以视觉化的方式进行思考分析的过程，从而产生合理的疑问。而且，一旦有了疑问，才能更清晰地知道前期还应搜集哪些数据信息。

这里重要的是“能从图表中读出些什么”。仅就表面显示出来的信息来看，就是“显太君的体重在2012年达到了最大值81kg，在减肥的半年间成功减掉了约9kg的体重。但之后体重又有反弹，到2016年的1月为止已增加到了78.4kg”。

通过阅读上面这段按照时间顺序写出的文字，也许大部分人会得出“虽然减肥获得了成效，但是之后体重又有反弹”或者是“只要够专注的话，半年减掉10%的体重也是能做到的”这样的结论吧。

然而，这些往往都只是将视线聚焦在“某一点”上，从而忽视了对整体走势的判断，也就是说，没有明白图表中呈现出来的更重要的信息。为了避免这种情况的发生，我们可以像图表6中这样，在几个关键节点上用简要的信息，标注出可以从图表上读出的内容或者疑问点，这样更能让人一眼就明白问题的要点所在。

像这样，清晰地写出图表中需关注的要点，无论面前摆放了多少张类似的图表，都能很快地捕捉到重要的信息，很容易就对整体发生了什么问题做出判断。

总之，不要只是罗列出数字，要用图表化的方式进行思考，这样才能更有效地理解搜集到的数据。

图表6　标注出疑问点，可以更深刻地理解数字的含义

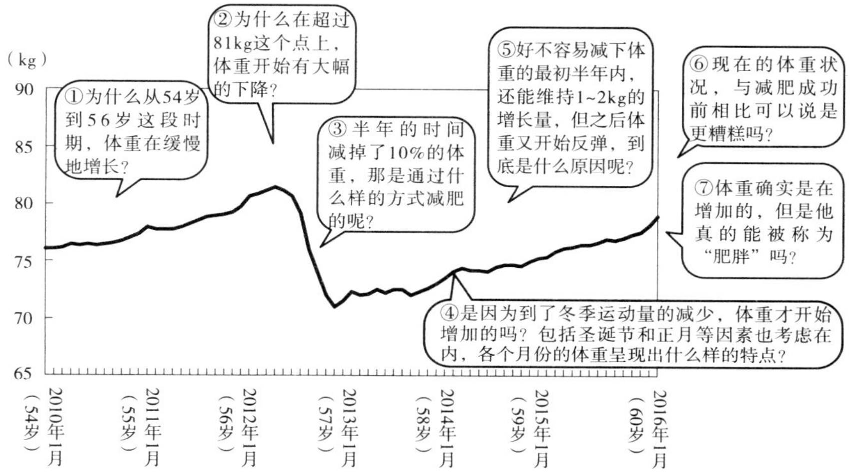

POINT　关注转折点，将有疑问的地方标注在图表上，才能更深刻地理解数字所呈现出的含义。

没必要使用复杂的分析手法

在将数据进行图表化时，往往会陷入不注意对数据图形的分析，转而依赖于各种分析手法的误区中。也许这能带来更深刻的发现，或者找到更好的解决问题的对策。但是，对于各位非专业人士来说，并不推荐大家使用这些手法。

大家去书店里，能发现书架上摆满了各种有关宏观经济分析、经营财富分析、定量分析以及大数据分析的教材。让人感觉要想弄懂本公司或商业上遇到的问题，就必须得运用这些高深复杂的分析方法才行，于是便尝试拿起其中一本来读，结果看得云里雾里不得不中途放弃。说不定本书的各位读者中，就有这样的人哦。

请大家放心。作为想要提升自己或公司业绩的各位读者来说，完全没有必要去学习掌握那些以解决问题和分析信息为生的专家（顾问、分析师等）才会使用的“分析手法”。

当然，我并不是说这些复杂的分析手法就毫无用处，只是这对于以分析数据为职业的人会很有用，而对于只是想改善自己或公司业绩的普通人来说，反而会成为一个很高的门槛，让我们离“发现问题”的目标渐行渐远。

作为非专业人士，要想捕捉到问题的“路标”，其实只需要对问题有一个简单大致的了解就足够了。不需要引入复杂的分析手法，首先从力所能及的地方、从自己熟知的领域开始即可。

对于数字的理解，只要能弄清楚其变化的趋势、变化量、比例、两个或三个数字间的关系就行了。即使是绘制图表，也只是用简单的曲线图、柱状图、饼状图等形式，最多涉及分布图的形式，就已经能够帮助我们弄清楚问题了。

完全不必太勉强自己哦。

借图表展开思路

图表5是将2010年至2016年每个月的体重平均值输入到Excel软件中，然后生成图表的形式。像这样“与过去的比较”是一种最基本的分析方法，原本毫无意义、独立的一个个数字，按时间顺序排列以后，可以使人理解其中呈现出的变化趋势。

那么，我们不能仅仅满足于了解“体重到底是怎样变化的”或者“从图表中我们还能读出哪些信息”，更重要的是要能通过分析图表，产生“为什么”的疑问。

比如说，像下面这些想要知道的事情：

①为什么从54岁到56岁这段时期，体重在缓慢地增长？

②为什么在超过81kg这个点上，体重开始有大幅下降？是因为体检结果不佳被医生提醒，还是自己开始意识到上楼变得困难？

③半年时间减掉了10%的体重，是通过什么样的方式减肥的呢？靠运动还是节食疗法？

④是因为到了冬季运动量减少，体重才开始增加的吗？包括圣诞节和正月等因素也考虑在内，各个月份的体重呈现出什么样的特点？

⑤好不容易减下体重的最初半年内，还能维持1～2kg的增长量，但之后体重又开始反弹，到底是什么原因呢？

⑥现在的体重状况，与减肥成功前相比可以说是更糟糕吗？

这些疑问在我们按时间线去分析数据时，都会在脑中涌现出来，但是更重要的是要提出一个根本性的问题：

⑦显太君的体重确实是在增加的，但是他真的能被称为“肥胖”吗？

这种情况下，就需要与他人进行对比了。当然也不可能是跟他太太来进行比较，因为这毫无意义。而是要与同年龄层的男性（去除了年轻男性群体）来进行比较才对。

03 首先要判断问题的严重程度

与他人进行比较

产生各种各样的疑问是一件很重要的事，因为这是将我们导向“未知的世界”的契机。

但是，如果要回答脑海中浮现的所有疑问，那就需要去搜集一切能想到的数据，然后再依次绘制成图表，这样难免效率太低。换句话说，我们需要在这些疑问中进行取舍。只有这样，才能让我们离“发现本质性的问题”更近一步。

大家为了掌握分析解决问题的方法，可能会在各种场合下都尝试着去发现问题并给出解决的对策。但是，有些疑问能够帮助我们发现问题，有些则不能，我们到底该如何判断呢?

还是回到显太君的案例上。虽然他尝试了减肥，但体重还是呈增加的趋势。我们当然要关注这其中的原因，但是在最开始我们还应该了解的一点是——他真的是处于“肥胖”的状态吗?

接着，再分析他原本是否就属于易肥胖的体质。如果是的话，那么不弄

图表7 通过与平均值、标准值的对比，评价问题的严重程度

与平均值做对比

显太君：2016年1月的体重、平均值，基于2013年的调查数据

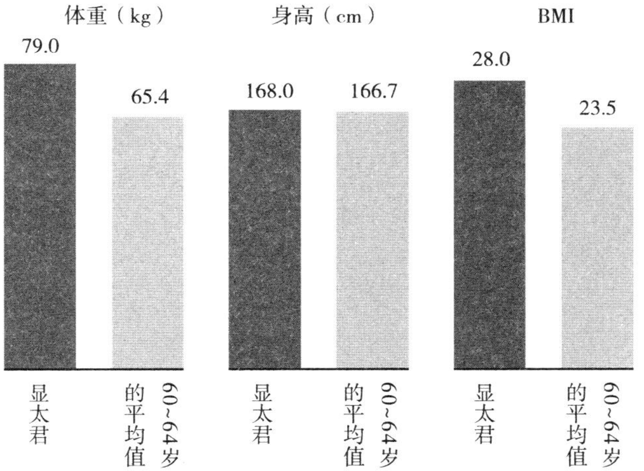

肥胖程度的判定标准

（日本肥胖学会2000年）

BMI评分

低体重（瘦）	低于18.5
普通体重	超过18.5，未满25
肥胖（1级）	**超过25，未满30**
肥胖（2级）	超过30，未满35
肥胖（3级）	超过35，未满40
肥胖（4级）	超过40

POINT **体重和BMI评分都超过了平均值，相当于“肥胖1级”，所以事实的真相是“确实肥胖”。**

资料：国民健康·营养调查、ForeSight & Company

清楚他在减肥成功后又很快反弹的大体原因，就很难给出一个解决的对策。

请看图表7的内容。显太君的体重为79kg。与同年龄层的男性平均体重值（65.4kg）相比，确实是超重了。同时，还要对可能影响体重的身高数值也进行对比，发现基本上是与平均值相同的。那么由此看来，显太君真的是有些“肥胖”了。

然后，我们还可以与标准值进行对比。根据日本肥胖学会给出的判定标准，即以体重与身高来综合评价的BMI指标，显太君的得分为28，可以算作“肥胖1级”，所以我们才能确定显太君真的是处于“肥胖”的状态。

与过去进行比较

这里，再一次思考“以月份为单位表示体重变化”的图表5的内容。体重确实经历了较大的变化。像这种情况，我们往往可以对其顶峰时、低谷时、现在以及平均值进行比较，即从过去的时间点中挑选出几个重要的节点，这样能让我们更好地了解问题的严重程度。

显太君现在的体重值，比其最低谷时的数值要高，图表8是以柱状图的形式列出了其体重顶峰时、现在、低谷时、平均值等数据。可以看出，在其减肥最努力的阶段即体重最低谷时的数值，比60至64岁的男性平均值还要重9%。由此，我们就可以掌握一个大致的情况。

同时大家也要注意，绘制图表也是有诀窍的。在本案例中，也许大部分人会按照时间顺序，依次列出顶峰时、低谷时、现在以及平均值等这些数据，但是，为了突出这张图表中想要表达的意思，我们其实可以将现在的体重数据摆在顶峰时与低谷时的中间，这样从图表上来看，低谷时的体重就显得比平均体重值还要高了。所以基于这样的思路，像图表8这样来设计数据

图表8　通过与过去的对比，评价问题的严重程度

现在体重的定位

显太君：2010年1月~2016年1月的体重、平均值，基于2013年的调查数据

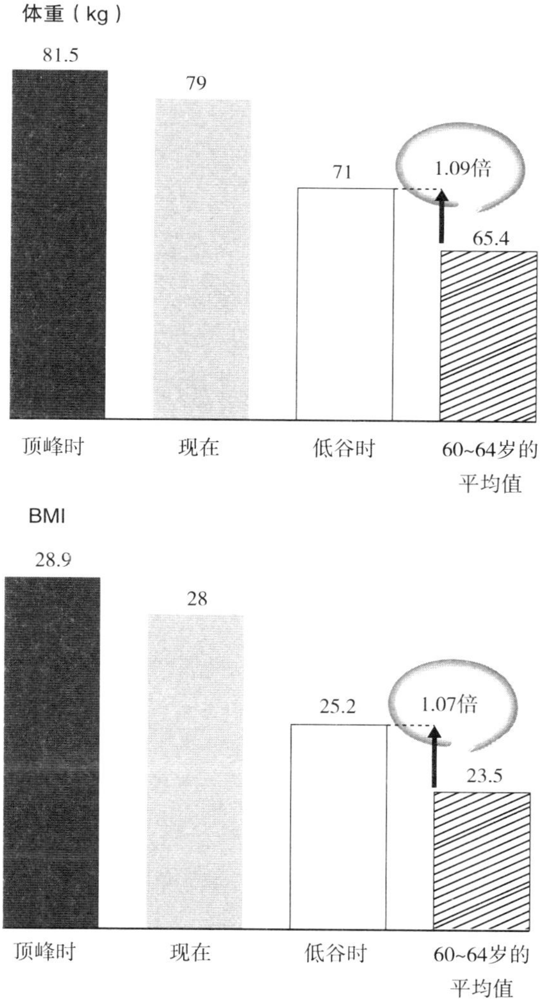

POINT　**很明显低谷时的体重比平均值还要重，所以有必要认真减肥了！**

资料：国民健康·营养调查、ForeSight & Company

摆放的顺序，就会让人更容易理解。

图表是辅助我们思考的工具，所以首先要根据数字来进行绘制，然后结合我们的一些考虑来对其进行设计，使其变成更容易理解的图表。

一张高质量的图表会更有说服力，反之就是在浪费时间，甚至成为我们理解问题的障碍。我们在进行发表和展示时，也最好挑选那些高质量的图表。

一旦你习惯了制作图表的方式，那么在还未动手之前，在头脑里其实就已经想好了要表达的内容，然后为了证明你的观点再去绘制图表。也许你会感觉这么做很难，但只有这样，才能从一开始就提高绘制图表的效率。

要熟练掌握这一技巧，除了大量的练习别无他法。我们可以尝试将身边的各种数据都进行图表化，如自己的体重、零花钱的支出、孩子的成绩等都可以拿来分析。

04 深挖问题的原因

关注要点，让问题特征更明晰

以图表6浮现出的其中一个疑问来说——是因为到了冬季运动量的减少，体重才开始增加的吗？包括圣诞节和正月等因素也考虑在内，各个月份的体重呈现出什么样的特点？

要弄清楚这个问题，我们可以将每一年、各个月的体重增减幅度进行对比。

图表9就是将各个月的体重增减幅度，按照年份进行排列的形式，其中最下面的是增减的平均值。像这样，抓住整体趋势之后再对细节的数字进行分析的方法，非常推荐大家使用。我们最终得到的数字越细化，就越能让我们注意到此前未曾关注过的有趣事实。

首先，从最下面的增减平均值来看，1月份与12月份体重增加的幅度较大，而8月份减少的幅度则最大。然后再按照月份来分析，体重在8月份增加的年份正越来越少，当然也不排除因为2012年的减肥过程，给整个平均值带来了较大影响。不过，我们还是能看出明显的倾向，那就是在1月份与12月

图表9　弄清各个月份的体重特征并深挖其原因

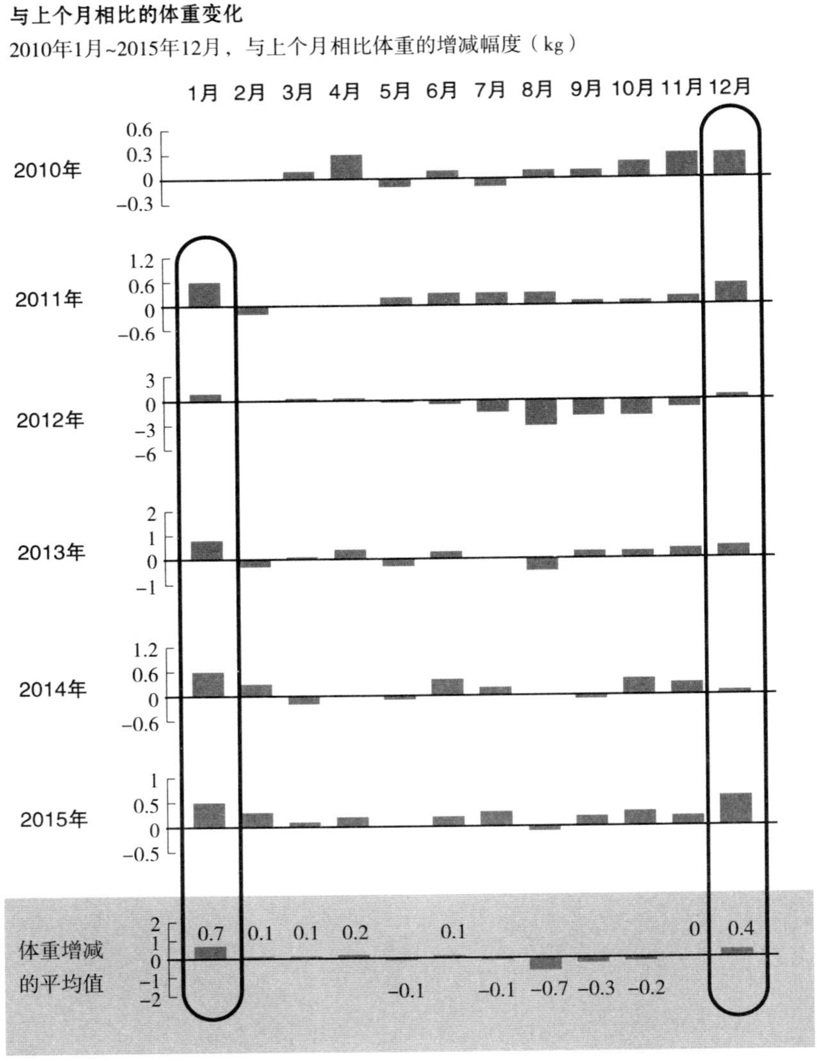

POINT　将与上个月相比的体重数据图表化，
发现在1月份以及12月份体重有增加的倾向。

份体重增加的量要比8月份多得多。

细看每年的增减幅度，可以发现2012年的后半年因为显太君在减肥，体重一直保持下降的趋势，但除此之外，体重一直都在增减中反复，且整体上呈现增加的趋势。而1月份与12月份体重增加的幅度较大，除了因为天气寒冷运动量有所减少外，还推测可能是接近年底，聚餐的机会较多，因暴饮暴食带来的体重大幅增加。

笼统地来说，显太君在饮食上摄入的卡路里超出了其消耗的量。同时考虑到年龄因素，再要增加运动量也不太现实，所以，应在减少卡路里的摄取量上多下功夫。

特别是在圣诞节和正月期间，应尽量减少因为在外吃饭而摄取过多的卡路里。如果实在无法做到的话，建议日常多进行散步这样的有氧运动，必须将摄入的多余卡路里消耗掉才行。

通过访谈进一步了解

尽管如此，我们还是对2012年的夏天，他到底是怎样做到在短时间内减少10%的体重这件事，抱有很大的兴趣。

说起减肥，有去健身房、吃健康食品等各种各样的方法，但是，从显太君2012年之前体重的增加趋势以及减肥成功后又继续反弹的状况来看，可能他的减肥过程中，并没有一个系统性的计划。

于是，我们对显太君进行了一次访谈。

通过交流我们了解到，当初之所以想要减肥，是因为体重的增加导致体检报告中很多项的数值超标。这与我们之前的预想是一样的，减肥的契机就是当事人强烈地意识到了减肥的必要性。

然后，关于减肥的方法他表示，由于工作很忙，所以几乎没有时间去健身房，就自己制订了一个靠控制饮食及增加运动量来减肥的计划。这多少出乎我们的意料。一般来说，仅靠当事人自己的意志来改变生活习惯并成功减肥，可是一件极其困难的事情。

那为什么显太君成功了呢？在详细询问下我们才得知，原来显太君的朋友中，也有同样患有轻度肥胖症的人，两人打赌约定“谁能在半年内减少10%的体重就算成功，失败的一方要给对方10万日元”。

由此看来，虽然最初想要努力减肥的动机是好的，但是最终却演变成了与金钱挂钩的“愚蠢计划”，所以并没有从根本上改善原有的体质和生活习惯。

尝试绘制概念图

到目前为止，我们教给大家分析问题最基本的方法，就是将数字转化成图表的形式，不过我们要传达的不能仅仅是数字，还要将我们的思考以文字的形式写出来。

说到写文章估计大家都习以为常，毕竟对于写作者来说，这算不上是一件很辛苦的事。那么，你有没有想过读文章的人又是什么样的感受呢？阅读需要花费时间，特别是最近人们越来越没有耐心看长篇幅的文章了。

如此一来，我们该如何是好？一般的做法就是只简略地列举要点，或是分段进行说明，但我在这里还是推荐大家采用与图形相结合的说明方式。原因就在于人类认知的特点，比起长篇大论的文字来，视觉化的图形在传达信息的速度上，具有压倒性的优势。

通过图形来传达信息，重要的部分则用文字来表现，这样能显著提升受众的理解程度。这种图形和图表，就叫作“概念图”。

最好学会使用PowerPoint或Excel等程序软件来绘制图表。但是，无论使用哪一款软件，都要清楚为了将自己的想法概念展示出来，应该采用何种图表类型。当你想要表达观点时，就要从众多的模板中挑选出最有说服力的来使用，这样才能让你的观点和想法表达得更清晰。

作为概念图，必须要能够以一种让读者或观众更易理解的形式，来表达出想说的内容，而如果形式太过复杂的话，就会让人弄不明白到底想说什么。千万不要陷入“为了使用而使用”的误区中。只有时刻提醒自己，运用概念图的目的是“为了向对方传达我想说的内容”，才能避免失败。

熟练运用模板

接下来，基于目前所了解到的所有信息，来总结分析显太君的体重为什么会增加以及减肥时需要注意的要点是什么。

我们常常会见到类似“显太君的体重之所以增加，是因为生活习惯的问题，因此只要改变生活习惯并控制饮食，同时适度地进行运动就可以了”这样言之无物的结论出现在口头或文章中。

没有利用到概念图的形式，仅草草给出这样简单的结论，是完全不能解决任何问题的。

如果真的是生活习惯出了问题，那么一定会被追问“为什么生活习惯会有问题呢”，所以我们有必要进一步地深究。这种时候，可不能毫无头绪地胡乱分析，而是要按照正确的逻辑顺序去思考。

这里所说的“正确逻辑”，就是指要按照一定的规则（或规律）去思考。比方说，当我们思考自己的生活习惯时，就可以考虑按时间顺序去绘制

图表10 利用概念图深化理解

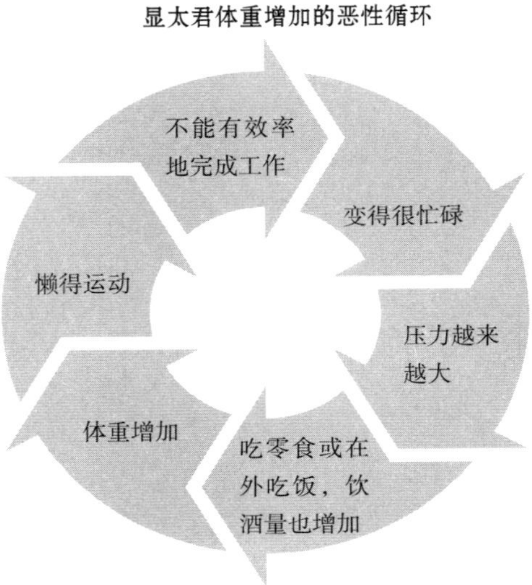

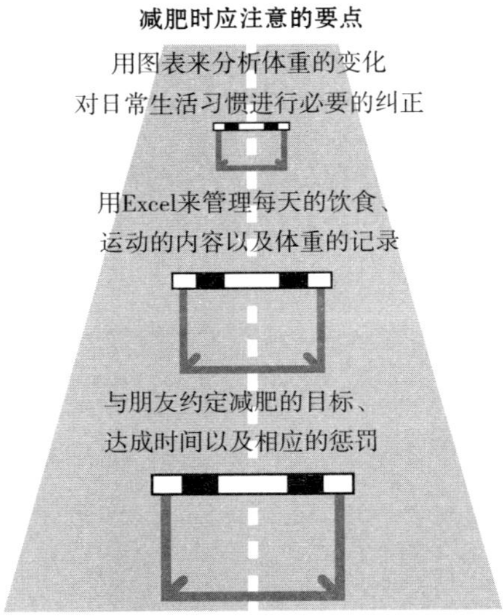

POINT 显太君的体重为什么会增加？以往的减肥过程会遇到哪些问题？
按时间顺序绘制出来，才能让问题浮出水面。

图表11 商务领域常用的概念图类型

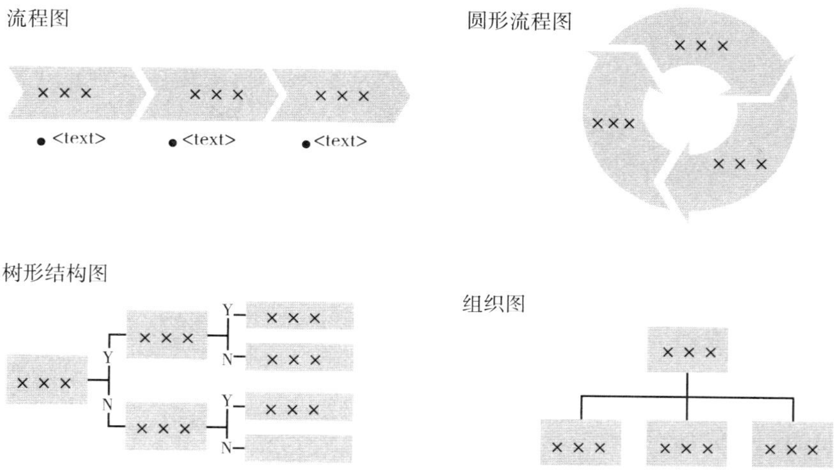

概念图。

所谓“生活习惯”具体是指哪些事情呢？我们应该将其分解开来进行思考，而不是一言以蔽之。要想说清楚到底什么才是正确的生活习惯，就必须要讲很多方面的内容，而这些要素关联起来是一个环状的循环逻辑。这时就可以像图表10中那样，选用圆形的流程图，这能让我们说明的内容更易懂。

另外，下方的图表则罗列出了减肥过程中会遇到的一个又一个问题，只有越过这些“障碍”才能成功，所以就可以形象地设计成跨栏的样子。

像这样灵活运用概念图来辅助我们的表达，才能实现更准确的信息传达。

除了圆形流程图外，图表11中还展示了商务领域常用的其他类型的概念图，如采用箭头形式的流程图、分层级的树形结构图、组织图，等等。专栏2中还有关于概念图的分类介绍，可供大家参考。

专栏1

从“数据图表”到“分析图表”

用绘制图表进行分析思考，到底是怎么一回事呢？从接下来的第一章开始，将以面包房的案例来说明企业如何运用图表来分析思考问题。那么，这里主要介绍一下如何来绘制图表。

围绕某个公司或者调查的主题进行信息搜集，可以让我们得到很多的数字。然后我们将得到的信息图形化，就可以绘制出所谓的“数据图表”。

仅根据一张数字表格，就可以按变化趋势、构成比例，或者实数、指数、增长率等各种视角绘制出图形图表来。此外，还可以结合其他不同的数字，从整体到以各个部门、地区为单位进行更为细化的分析。

这样一来，绘制出的数据图表就会越来越多。专业的顾问咨询团队在做项目时，可能要在两个月的时间内，平均绘制出大约1000张图表，以此来分析该公司出现的具体问题。

绘制如此多的数据图表，其意义就在于帮助我们找到“发现问题（Findings）”的关键线索。也就是能够指出这家公司根本性问题的信息。而将这些信息汇总后进行表达的图表，就是“分析图表”。

这并不是用柱状图简单呈现出销售额或产能变化，而是要让企业的经营者能一眼看完就感叹“原来如此”的图表。

例如，通过调查问卷或模拟仿真的形式，让原本没注意过的行业整体的附加值结构呈现出来，同时又让人一下子清楚该关注哪些附加值领域的图表，或者旗下有很多产品的企业，将其所在行业的发展状态、收益性及其在业内所占的市场份额经过整理后，以图表的形式呈现其产品开发面临哪些共性问题。

形象地来说，将十张图表中的重要信息，综合汇总到一张图表上，就是所谓的“分析图表”。

因此，图表大体可分为“数据图表”与“分析图表”两大类，通过数据图表进行分析思考得出重要的发现，就可以升华为分析图表。

图表可大体上分为“数据图表”与“分析图表”两大类

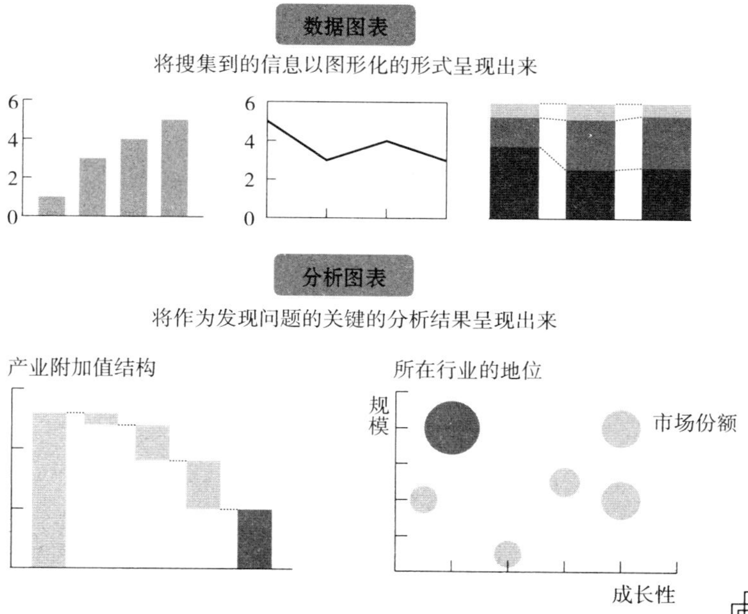

第一章

通过数字了解全局

05 了解销售规模与发展状态

了解公司的问题

比起从外面雇用的顾问专家来，大家才是最了解自己所在公司或所属部门实际情况的人。所以，只要能找到发现问题的“路标”，也就意味着找到了解决问题的方向。

图表12 第一章中将学习和实践的内容

通过基本的数字
了解自己公司的现状

-销售规模
-销售额的走势
-各部门（或产品）的比例
-市场份额（竞争力）
-市场份额的增减
-利润率（收益性）
-销售额/员工数（生产效率）

是否存在问题？

问题严重吗？

POINT 从很容易搜集到的基本数字中，
发现自己公司的现状是否存在问题以及问题是否严重。

当然，为了捕捉到正确的信息，还是有一些基本技巧的，这个我们会在后面的章节中详细介绍，这里首先想让大家知道，我们在面对自己公司或部门的问题时，应该采取一个什么样的态度来寻找发现问题的“路标”。

说到大家都耳熟能详的企业相关数据，差不多就是公司整体的销售额、部门的预算、事业企划的目标数据等。登录上市公司的网站主页，可以看到面向投资者的IR资料，在那里面还可以查到更加复杂的数据。

要从这些数据资料中，判断一家公司的经营状况是否平稳良好，就必须对大量的数字进行评价和讨论。而要想做到这一点，没有会计师或企业财务部门员工所具备的专业知识，几乎是不可能的。

所以，也许某天你突然冒出个想法：将公司的经营数据进行图表化来分析思考问题，结果却因为自己不具备专业的知识，只好又去拜托专家。很多人就是这样被拦在了“入口”的地方。

其实，就像我之前反复说到的，要了解问题的整体状况并没有那么复杂，也不是只有专家才能做到。作为非专业人士来说，大家只需要弄清楚几个关键点就好了。

其一，自己的公司或部门的业绩是否处于向上发展的状态？其二，如果有问题的话，是否已经严重到需要坐下来认真商讨对策的程度？

对于序章中显太君的案例，需要将其体重与本人过去的数据、同龄人的平均值进行对比，才能判断出他是否真的属于“肥胖”以及问题到底有多严重。同理，对于公司的事业等问题，也需要通过对比的方式，来加深我们的理解。

从长期数据捕捉整体情况

在了解自己公司或部门的状况时，应将我们的注意力放到那些有助于把握整体状况的数字上。所以，可以先从比较容易搜集的、有助于了解整体状况的数字着手。

那种为了准确地把握公司的问题点，而将必要的信息全都进行搜集并绘制图表的工作，就交给专业顾问和分析师去做吧。我们只需要关注比较容易搜集的绝对必要的信息即可。

为了了解有关企业运营中所存在问题的严重程度，我们到底需要调查清楚哪些数字呢？有些人会比较关注资本以及员工数量的变化，但那些数字并不是重点。那么，重点究竟是什么呢？对，就是能够反映企业运营结果的代表性的数字，如整体的销售额。

销售额增加，当然企业就能挣到钱。一家店或一家企业，为了能够持续发展，就必须不断地提升销售额，因此我们最先要关注的就是这个数字。

统计时不需要以月份或者季度为单位，以年为单位就可以了，因为我们需要把握的只是整体的趋势。仅靠某单位一年的数字是无法判断企业是否在成长的，此时应以时间为坐标来进行对比。因此，应尽可能地搜集长时间段内的数据。

接着就是绘制图表了。就像分析显太君的体重变化图表时一样，如果在关键的转折点处有疑问，最好将你的问题标注出来以便后续分析思考。

例如，2008年由于“雷曼事件”以及消费税率改革等经济大环境的变化，销售额也受到了影响。虽然已经明确了具体原因，但还是要将其在图表上标注出来。

实力较弱的公司，很可能会因为这些自己无法控制的、超出预想的事件，而导致销售额好几年都难以恢复，甚至最终破产倒闭；而实力较强的公司，虽然销售额会暂时停滞，但很快又会恢复元气继续发展。因此，从销售额的变化可以直观地看出一个企业是否具有成长力。

另外，虽然从整体销售额的变化图表上，能看出企业正处在发展之中，但是也不能因此就沾沾自喜地认为“我们企业虽然艰难维持，但好在还在成长”。同时还必须要与业内的主要竞争对手以及整个行业的发展趋势进行对比，如果自己的公司仍处于劣势的话，还是会在竞争中败北。

图表13　通过与市场以及竞争对手的比较，了解企业竞争力的变化

看护保险市场*与从事看护保险业的A公司的销售额变化

2000年=100基准指数

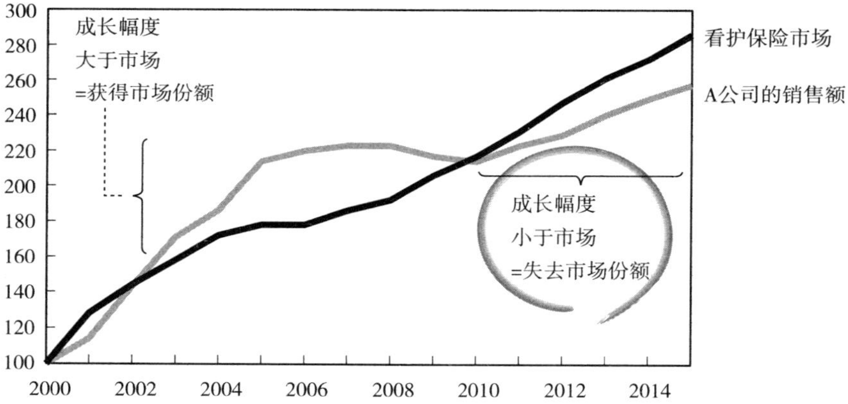

*看护保险支付费用的总额。2011年、2012年的数据基于预算。
2013年以后的数据基于ForeSight & Company的预测。

POINT　**观察销售额的长期变化 → 了解公司问题的严重程度**
与整个市场的发展作对比 → 了解市场竞争力的变化

资料：由ForeSight & Company基于厚生劳动省资料制作

图表13是将从事“看护保险业”的A公司的销售额变化趋势，与整个市场的发展趋势进行比较的形式。如果单看A公司的销售额曲线，会认为其发展得很好，但是由其从最初高于市场发展变成近年来低于市场发展的态势，可见其竞争力是在下降的。

尝试将问题分解开来思考

弄清楚了整体的销售额以及发展状态之后，还有哪些信息也是必须要了解的呢？我们需要将问题进行分解，以找出到底是哪个部门引起的问题。

大家一定也很想知道，在这么多的事业部门中，自己所属部门的销售额是如何变化的吧。如果是在销售规模和发展势头上，都为公司做出了贡献那倒还好，怕就怕的是给公司整体拖了后腿，那样就必须要找出问题的所在了。只有将拖后腿部门的问题解决了，才能让整体的业绩重新获得提升。

像这样，将整体的销售额与本部门的销售额变化摆在一起进行对比，才能让自己清楚到底是可以心情舒畅地继续忙事业，还是已经遇到了麻烦不得不转换到“危机模式”。

那么，当意识到已经面临危机时，继续坚持迄今为止的工作方法，是否就能解决提升销售额的问题呢？答案当然是否定的。因为我们必须先找出销售额停滞不前的根本原因。只有做到这一点，才能想出与此前不同的解决对策。所以，要了解整体状况，然后让自己的工作方法随之改变。

06 KENTA面包房遇到的问题

了解增长率的变化

从本节开始，为了让大家能更好地理解解决实际问题时的思考方式，我们以身边熟悉的街头面包房为例。

其中涉及的数据都是虚构的，而且笔者没有为面包房做过顾问类的工作，自己也没有经营过面包房，难免会有一些略显“门外汉”的内容。但是，举这个案例的主要目的，还是为了让大家学会这种“思考方式”，所以若有不足之处，还请大家多包涵。

KENTA面包房，采用的并非是“中央厨房”式的连锁经营模式，而是自建厨房的传统面包房。地处东京都港区，附近是写字楼和公寓楼，地段优势明显。

［KENTA面包房的基本信息］

· 地段：东京都港区，距地铁站步行仅需5分钟的商业街

· 店铺形态：在店内烘焙面包的面包房

· 店主：KENTA君

· 员工：包括店主在内平均4.6名

· 年营业额：2600万日元（2015年）

当顾客来面包房购买面包时，支付的现金就是这次交易产生的销售额，也就是实际收到收银机内的金额。此外还可以用信用卡刷卡支付，银行会在两三个月后将扣除了手续费的金额汇到店铺的账户上。不管哪种方式，只要销售额增长，店铺的现金流也会随之增长。

我们有必要以图表的形式来看看销售额的变化。当然，也要尽量搜集长期的数据。接着，我们可以将从图表中读出的重要信息标注出来，形成对图表内容的“总结”。

探寻销售额减少的原因

一看到图表14，最先在头脑中浮现出来的疑问就是“为什么近几年的销售额突然就不再增长了呢”。为了探寻这个问题的原因，我们有必要弄清楚到底是哪个部门的业绩拖了后腿。

如果是大企业的话，可以按照有销售任务的事业部或者负责直接销售的营业部门进行分解，分析各自销售额的增长率。而像KENTA面包房这样的小型组织，则可以按照产品类别来进行分解。

从图表15中可以看出，KENTA面包房的产品结构，在这十年间发生了较大的变化。夹菜面包所占的比例在扩大的同时，点心面包・丹麦面包则萎缩得很严重，这给整体的业绩带来了较大的影响。

图表14　从长期的销售额变化中了解问题的严重程度

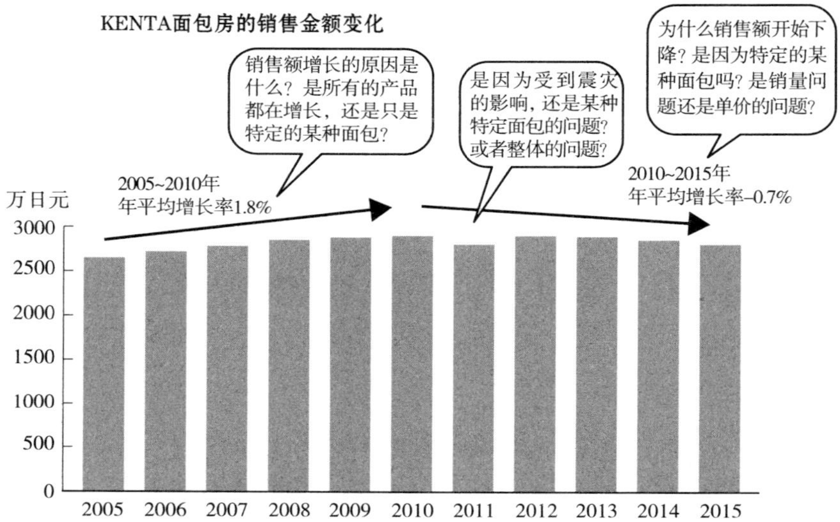

POINT　此前一直在增长的销售额出现了负增长，
其中应该隐含着严重的问题。

图表15　按照部门・产品来探寻问题到底出在哪里

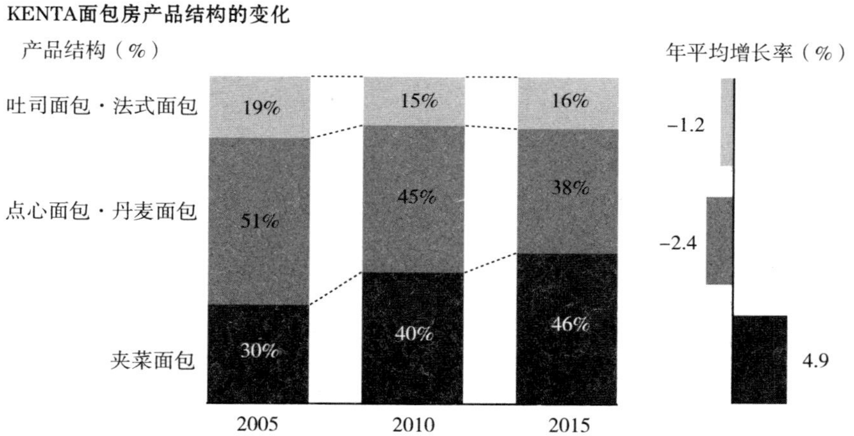

POINT　除整体状况外，还可以按照面包的类别进行分析，
思考是哪一种面包出的问题。

07 了解市场份额的变化

市场份额是企业竞争力的表现

接下来，还有一个必须要进行调查并绘制出图表的数字，那就是自己公司的市场份额，对其变化也要清晰掌握。

也许有人会想："欸？市场份额？倒是常常会听到这个词，不就是指市场的占有率嘛。但是，这个数字有什么意义吗？"

"市场份额（share）"原词准确的翻译就是"占有率"的意思，不过其也是表现一个企业"竞争力"的重要指标。竞争力提高时市场份额就会增加，反之，竞争力降低时市场份额也会随之减少。

这里稍稍涉及一些后面章节会讲的内容，只有确定好目标客户并构建好"价值链"（这会在下一章中详细说明），才能提升企业的市场竞争力，市场份额自然也会增加。因此，我们必须首先明白"了解市场份额变化"的重要性。

如果市场份额在中长期内一直保持增长的态势，那就真的是"谢天谢地"的好事了。反之，如果正开始缓慢地减少的话，那就一定是遇到了非常严重的问题。

如果是突然一下子大幅下落的话，谁都会注意到。在一个成熟的产业中，排除竞争对手推出划时代的革命性产品、不可预料的事件或者大规模的召回等因素，一般很少会发生这种情况。更多的还是在不经意间，竞争力一点点地下降，因此，一定要在一个中长期的时间范围内去研究市场份额的变化趋势。

重要的是变化幅度

自己公司的销售额在整个市场规模中所占的比例，就是市场份额。对于自己公司的销售额还好调查，可是一涉及产品市场的整体规模调查，是不是就感觉有点力不从心了呢?

如果行业内企业的数量较少的话还好说，但是像面包房这样，有很多的参与企业且大多是小规模业者的分散市场，每个企业（面包房）的市场份额都很小，这样就没有研究的价值了。

而且，作为分母的数字不同，也会给数值的计算带来很大的差异。因此，比起市场份额的数值大小，建议大家更应该关注的是其“变化的幅度”。

我们希望了解的并非“市场份额”本身，而是“市场份额的变化”，调查的市场类型与本公司的产品不完全一致也没有问题。只要是在相同前提条件下搜集到的数字，就能保证数据的完整性，而且也不用担心自己看不懂每年的数字。

比如说，以每隔5年的形式，将过去10年间的数字进行比对，“10年前”“5年前”“现在”一共就这三个数字。只需要看数字的变化，就能了解市场份额发生了哪些变化。如果发现5年前的数字非常高，而10年前与现在的数字变得很低，那么就需要对近3年的数字再进行搜集分析了。

像这样，以时间为坐标进行分析，就能明白与竞争力有关的问题的严重程度。总之，对市场份额变化的把握，意味着对企业的竞争力（或者换句话说，价值链是强化了还是弱化了）也有了一定的了解。

“市场份额下降可是个大问题。无论如何一定要把市场夺回来！”常常见到有的销售部领导会像这样激励自己的下属。我这里并不想否定这种鼓励口号的效果，毕竟适当的加油鼓劲也很重要，但是，仅靠销售部门“加油”，是无法夺回丢掉的市场份额的。

必须要把出现的问题解决掉才行。具体来说，就是要讨论企业的价值链的哪个环节出了问题，只有将问题解决了，才能实现夺回市场份额的愿望。

根据行业特点和规模进行柔性分析

在分析市场份额时，通常的做法是将市场整体当作分母。不过，就像前面说的那样，面包房市场的规模较小，而就行业特点来说，店铺所在的地理位置反而比较重要，因此，我们可以尝试计算出KENTA面包房所在港区的市场份额。

像图表16这样绘制图表，发现2013年以后市场份额变低。还可以与市场整体的状况进行对比，由于规模差异较大，可以像下方的图表这样用指数进行比较（以某个特定时点设为100指数，呈现变化的趋势）。可以看出，市场整体的发展还是比较乐观的。港区的面包市场指数在2011年有一定的减少（也许是受到震灾的影响），之后又恢复，最终超越了市场整体的增长。

另一方面，KENTA面包房的市场指数，在2011年同港区市场一样出现下跌，虽然之后一直到2013年为止也是在慢慢地恢复，但是之后，与港区市

图表16 从市场的发展与市场份额的变化中了解竞争力的变化

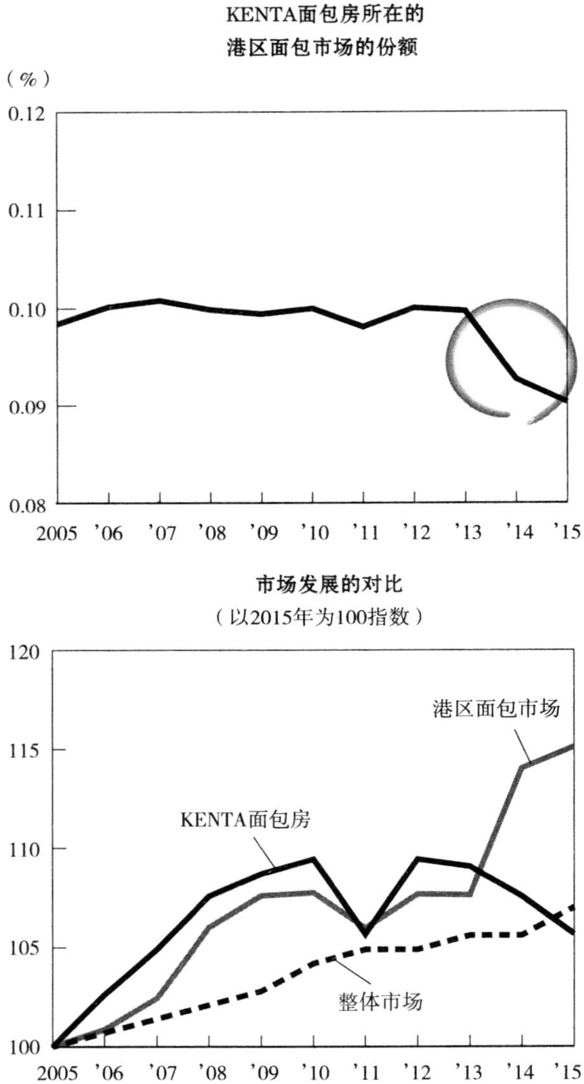

POINT 虽然港区面包市场的发展超过了市场整体的发展，
但是KENTA面包房的市场份额却在下降。
所以，在近年来销售额降低的背后，隐含着根本性的问题。

场的攀升相比，销售额却一直在下跌。也就是说，它的市场份额在降低。

所以，在近年来销售额降低的背后，隐含着根本性的问题。

之前已经反复强调过，市场份额就是竞争力的一种表现，所以，KENTA面包房的经营一定发生了一些变化。通过对业内人士的走访得知，2014年附近的超市设立了烘焙面包的柜台，品种也很丰富，因此一部分顾客分流到了那里。

到目前为止，我们已经了解到KENTA面包房的市场竞争力在下降，销售额也有大幅减少的倾向，其原因是点心面包・丹麦面包的销售额大幅降低等。而销售额降低一般也就意味着利润在减少，接下来我们就来看看企业的收益性。

08 了解收益的变化

固定费用的重重压力

销售额的减少一般也会带来利润的减少。这又是为什么呢?

在企业运营的各种费用中，会随着销售额的变化而增加或减少的，叫作“变动的费用”。对面包房来说，像制作面包的小麦粉、黄油、做馅儿用的奶酪、葡萄干、奶油等原材料，还有包装纸、小赠品等促销费、水电气费等都属于“变动的费用”。

与之相对的，不受销售额变化的影响一直会产生的费用，就是“固定费用”。如店内员工的人工费、店铺的租金，还有购买烤箱、冰箱等的开销，需要按照经营时间计算使用折旧的费用等。

从企业的费用结构来看，这种不管销售额是增加还是减少，每个月都会发生的“固定费用”，往往占据了较大比例，所以一旦销售额减少的话，就有导致财务赤字的危险。在这一点上，面包房也不例外。

因此，一旦销售额开始大幅降低，就一定要尽快让销售额分阶段地恢复到之前的水平。可惜的是，很多企业并不了解这种方法。

重视变化的先兆

即使已经通过分析了解了销售额下降的原因，也制定了相应的解决对策，可销售额要实现“反减为增”也是需要一定时间的。这种情况下比较立竿见影的做法，就是实施裁员政策。因为，只要削减了对于大部分企业来说占最大费用的人工费，就能减轻财务赤字的负担。

日本的企业并不会像美国企业那样，销售额一降低就开始进行裁员，而是尝试采取减少其他成本的方式。然而，这种方法的缺点就是容易降低劳动者的工作积极性，最终也还是没能解决问题。

假如决定进行裁员的话，又需要支付一大笔额外的赔偿金，对于资金储备不足的企业来说，实行裁员政策反而会加快其破产的步伐。所以，销售额开始减少对于企业来说，是一件特别可怕的事情。

当然，也有销售额处于上升中的企业，但不能因此就麻痹大意，随意进行降价促销，或者花费额外的费用，因为这无益于利润的增加。如果资金储备不足的话，很可能就无法为下一次的发展机会投入新的资金，收益性恶化导致财务赤字，结果就是也要面对破产的危机。

无论销售额增加还是减少的企业，都不能忽视收益性的变化带来的影响。

关注销售利润率的变化

那么，为了了解收益性的变化需要关注什么数据呢？

是“经常性利润”吗？所谓“经常性利润”，就是用在本行业内经营获得的销售利润，加上营业外的收益，再减去营业外的费用。“营业外的费用”一般包括支付贷款的利息、公司股票分红等，与事业没有直接关系但又是公司活动中的必要部分。

又或者是“纯利润”吗？因为“经常性利润”中，也包括出售固定资产所获得的特别利润、因事故或灾害而遭受的特别损失等，而将这些包括税费都扣除之后，最终得到的利润就是“纯利润”。

如果对一个公司整体运营获取的利润进行分析的话，选择“经常性利润”是可以的。不过，由于这里分析的是面包房的案例，所以，可以简单地将其从面包业中获取的利润（即销售利润），就当作是“销售总利润”。

“销售总利润”就是用销售额减去销售成本所得到的收益，也被称为“毛利润”。用“销售利润”除以“销售额”就等于“销售利润率”，而用“毛利润”除以“销售额”就等于“毛利润率”，这两个数字越高表示商业活动越成功。

分析一个公司整体的销售利润率变化，也是和分析销售额时一样，要将其与所有日本企业或同一行业内的全体企业的数据，还有竞争对手的数据等进行对比。这样才能知道自己公司的收益性是高还是低，是正在改善还是正在恶化等。不仅仅是单纯地比较数值的大小，包括其变化的方式也要进行评判。

当公司的销售利润率比业界整体或主要竞争对手差时，就需要在公司内部，特别是最大的成本项目上找原因了。还有，当与销售相关的促销费用以及其他一些管理费用等合计起来的“销售管理费”较高时，针对花费特别多的项目要思考并调查原因。

接下来，再思考和制定解决问题的对策。与销售额停滞不前时一样，当你发现销售利润率较低时，就有必要采用与此前不一样的工作方式了。

绘制图表，整理疑问点

要弄清楚KENTA面包房的销售利润率到底处在一个什么样的水平，首先需要对日本食品制造业整体的销售额变化以及毛利润率、销售利润率的变化有一个了解。顺便说一下，面包房并不属于法人企业统计中的“食品制造业”，因为其是以生产牛奶、黄油、奶酪、奶油、调味料、小麦粉、砂糖、果酱等这些面包原材料产品的行业为主进行统计的。

此外还可供参考的数字是点心·面包零售业的销售利润率。虽然这里引用的还是2005年统计调查的旧数据，但由于是类似行业的中小企业数据，所以也适合拿来与KENTA面包房进行对比分析（图表17）。

在了解了这些数字的基础上，就可以绘制出KENTA面包房的收益性图表了。虽然与食品制造业、点心·面包零售业相比，其保持了一个较高的销售利润率，但是由于销售额的减少，所以销售利润率也受到影响在下降。同时毛利润率也在下降，这可能是因为原材料导致的成本上升，或者是昂贵原材料的使用率增加的原因。也可能是由于销售额不佳，而采取了降价销售的策略（图表18）。

接下来，可以按照产品的类别来分析各自的利润率，看看哪些产品是让人放心的，哪些则必须要赶紧采取削减成本的策略，必要时甚至需要重新讨论产品的定价策略。

像这样按不同的产品分析利润率时，最好先进行毛利润率的比较。实际上，普通的企业会按照不同的事业部门或销售部门来分别分析销售利润率，几乎不会按照产品或者产品线来进行。究其原因，要将不同产品的销售管理

图表17 了解业界整体的收益性变化

食品制造业的销售额变化及收益性变化

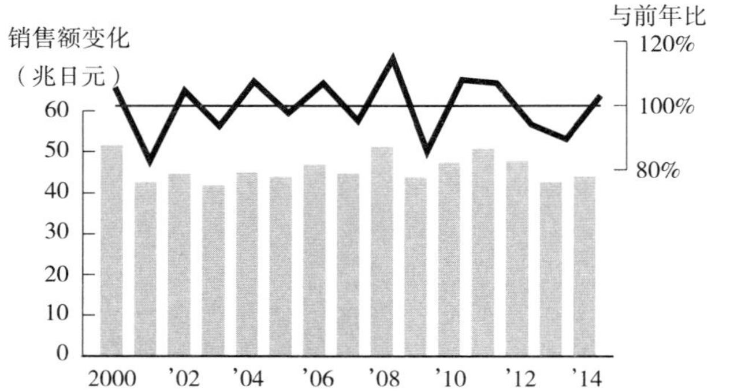

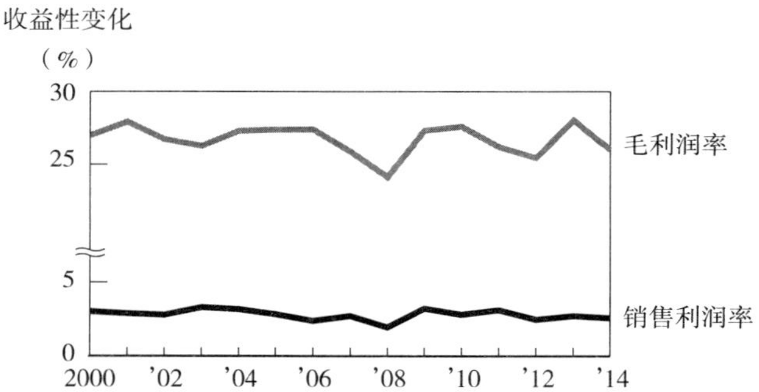

与类似企业的收益性的比较

与点心·面包零售业收益性的比较

（2005年）

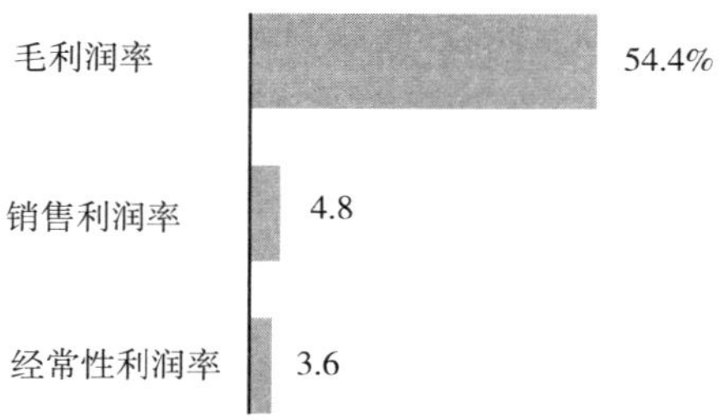

POINT **食品制造业的业绩几乎处于平稳的状态，**

而点心·面包零售业的销售利润率不到5%。

资料：由ForeSight & Company基于法人企业统计、《中小企业的财务指标》（2007年）数据制作

图表18　对KENTA面包房的收益性分析

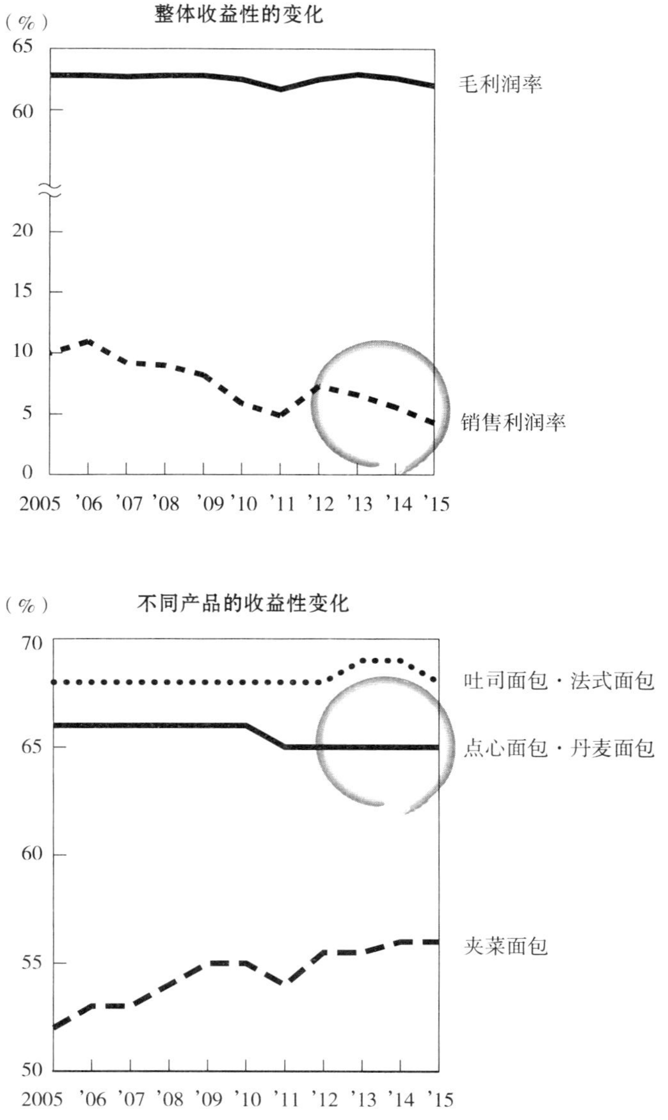

POINT　发现毛利润率与销售利润率同时有减少的趋势。

费用划分开来是一件极其复杂的事情。

那么，通过对图表18的分析，你注意到了什么？毛利润率轻微减少，而销售利润率则呈大幅度的下降趋势。按照产品类别来看的话，与原本作为销售主力的点心面包・丹麦面包的高毛利润率相比，夹菜面包处在较低的位置。也就是说，夹菜面包所占的销售比例越高，整体的毛利润率就越有往下降的趋势。

随着夹菜面包所占的销售比例升高，夹菜面包的毛利润率也在上升，但是与吐司面包・法式面包、点心面包・丹麦面包等相比还是有很大的差距。此外，原本作为销售主力的点心面包・丹麦面包的毛利润率也在下降。虽然夹菜面包让整体的销售额有所增加，但是收益性却在降低，销售额本身也在近几年呈现出低下的趋势。这种令人担心的状况要加以注意。

通过图表发现的各种疑问，都将在第三章中进一步加以阐述。

看到这里，大家肯定会有类似“为什么夹菜面包的毛利润率与其他产品不同”这样的疑惑吧。这里我们可以用“销售数量×单价”的方式，来计算各个产品的销售额（图表19）。我们发现虽然夹菜面包的销售数量一直向右上方增长，但是其单价却要比其他产品低很多。

而点心面包的销售数量虽然起伏不大，但是其单价却在降低，所以毛利润率降低的原因就在于此了。

图表19 对KENTA面包房按产品类别进行销售额分析

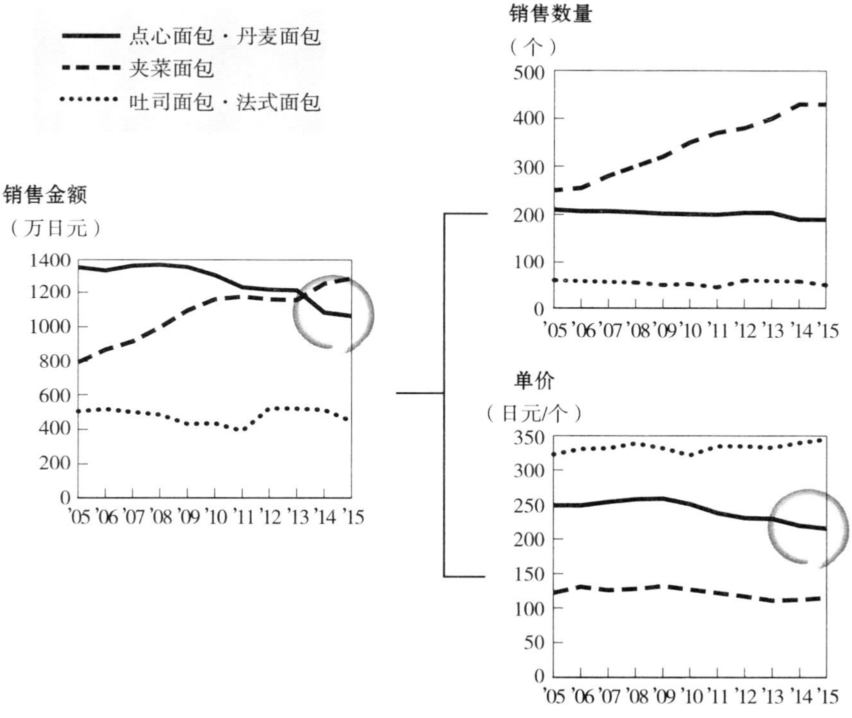

POINT 点心面包・丹麦面包的销售额下降并非是因为数量减少，而是单价下降导致的。虽然夹菜面包的销售数量大大增加，甚至超过了点心面包，但问题是其单价太低。

09 了解生产效率的变化

与同行业进行对比

我们已经了解了销售额增长率与收益性的相关知识，接下来，再来看看有助于我们了解整体情况的“生产效率”。

生产效率，原本是指相对于一定的投入量，最终所产生出的成果量（销售额），所以将一整年的销售金额除以投入生产的时间，就可以准确地计算出来了。

如果用时间总数来计算有难度的话，也可以用投入的平均员工人数来做分母。将兼职打工者以及签订劳动合同的正式员工，按照月份计算出平均投入的员工人数，然后就可以算出一整年所投入的员工人数。

虽然也可以与同行业的数据进行比较，但是关于人数的统计，较难有一个相同的计算基准。关于生产效率的对比，同样不能仅限于数值的高低，也要比较其变化幅度。

自己公司或部门的人员数量，相对来说比较容易统计，通过对其数字大小及变化的分析，可以了解本部门的生产效率是高还是低，是在增长还是在降低。

KENTA面包房的生产效率又是怎样变化的呢？以2006年作为起点，人均销售额是呈下降趋势的。因为当时店铺生意较忙，所以增加了员工的数量，但是销售额却并没有得到较大提升（图表20）。

再来详细看看人员的构成，2010年开始，生产制造人员一直在增加，而销售人员则一直在减少。

了解清楚问题才能改善业绩

改善生产效率的原则，就是减少投入的量并增加产出的量。所以，我们可以在减少投入的人数与时间的同时，保持相同的产出量，或者投入的人数不变，但减少投入的时间并增加销售额。

读到这里各位读者应该就可以理解，为什么要改变我们此前所坚持的工作方式了吧。

对于分配给自己的任务，勤奋努力地工作当然很重要。但是，虽然一直在努力工作，可大家的工资和奖金却完全没有增加。提高部门的业绩并非只是部门经理一个人的责任，提高公司的业绩也并非只是老板和高层的责任，而是企业中所有员工都应共同担负的责任。

企业中的所有人，都应该关注公司整体的业绩变化以及各自部门的业绩变化，如果发现问题就应当及时指出，并给出解决的方案。

当然，不能期待所有人都能做到这一点。因此，希望本书的各位读者都能够改变自己，想要为企业的业绩做出贡献的人，都应向自己的直属上司、部门领导甚至董事会指出问题的严重性，这一点很重要。

是不是感觉很有挑战性啊，首先还是要像这样，将销售额的增长率与收

图表20　KENTA面包房生产效率的变化

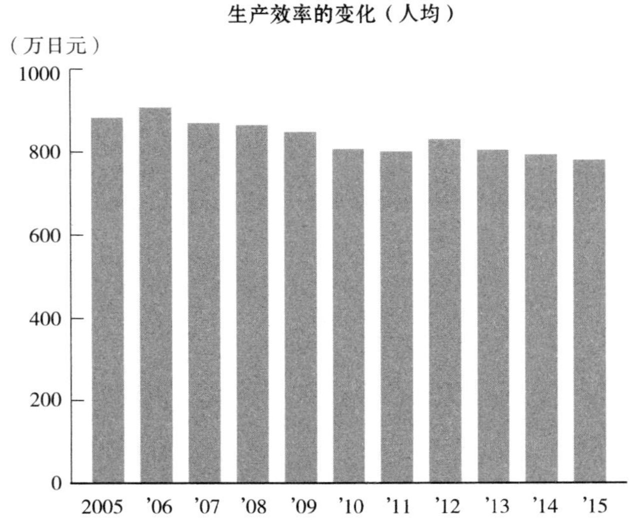

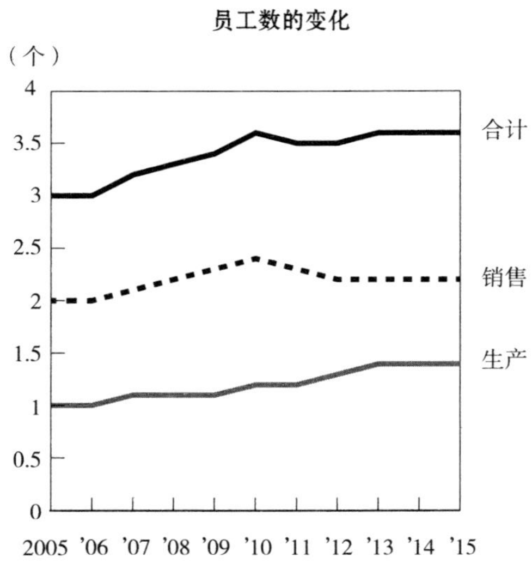

POINT　生产效率一直在降低，2010年之后生产制造的员工数量在增加。

益性以及生产效率进行图表化，了解本部门业绩的完成度。

那么到目前为止，我们已经知道了KENTA面包房的业绩存在一些严重的问题。具体来说，就是以下这几点。

· 虽然销售额到2010年为止一直在增加，但之后却开始下降。

· 2010年之后随着市场份额的丢失，其发展态势已追不上市场整体、港区市场的发展速度。

· 将主打产品由点心面包·丹麦面包调整为夹菜面包，但是夹菜面包的单价很低，毛利润率也很低。

· 员工数量在增加，但生产效率在下降。人员构成上，销售人员从2010年之后开始减少，而生产制造人员的数量却在增加。

通过以上几点，可以知道其2010年以后的运营策略是有问题的。

专栏2

何谓“概念图”

虽然是个不常听到的名词，但其实相对于数据图表（将数字以视觉化的形式呈现出来）来说，概念图就是将我们的思路、定性信息以及无法用文字表达的内容，用视觉化的形式呈现出来。

下面列举了四种概念图类型，包括按照时间顺序表示步骤或流程的箭头形式，还有以树形结构表现逻辑关系的形式，以及将箭头与圆环相结合表示集合与力关系的形式等。

用来展示概念的概念图，大体可分为四类

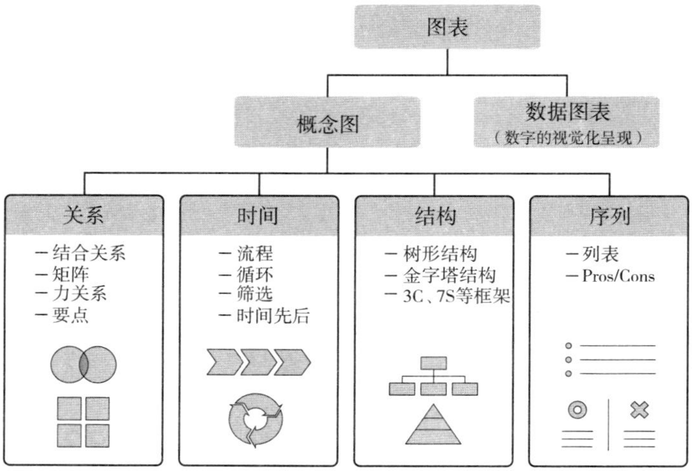

本书使用了大量的概念图。例如，图表1采用的是倒金字塔的形式，通常用来表示阶层的结构，一般是上小下大的形状，这里则将其颠倒过来，主要是想营造大部分人是受到下方少数人影响的效果。

图表2则运用的是树形结构，可以表示出结论与支撑论据之间的关系，同时也表现出了发现问题与问题的“路标”的信息量之间的差异。图表3则是用箭头图的形式展现出解决问题的流程。

虽然本书中都有对图表内容的解释说明，但希望大家不要仅看文字，也要注意看概念图本身，切身体会其带来的直观效果。

非常容易理解同时也容易记忆的概念图，是一种使用灵活性非常高的图表。

第二章

判断市场是否还存在商机

10 掌握市场的整体情况

为什么要对市场进行分析

显然，一个企业的业绩肯定会在较大程度上受其所在市场的影响。就好像如果是在富饶的土地上播种，当然可以期待有巨大的收获；而在贫瘠的土地上，无论你怎么努力也是不可能有重大收获的。

图表21 第二章中将学习和实践的内容

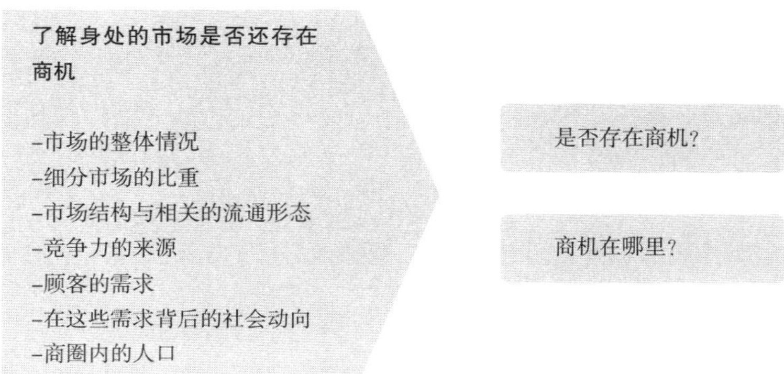

POINT 了解市场中是否存在商机？如果有的话，具体又在哪里？

只要一天没有跳出这个市场，那么自己的公司所在的市场规模，就决定了公司销售额的上限。用数学公式来表示的话，就是这样：

自己公司的销售额 = 所在市场的规模 × 市场份额（市场占有率）

也就是说，自己的公司今后是可以继续成长，还是会停滞不前甚至衰退，很大程度上取决于市场的动向。当市场扩大时，即使维持目前的市场份额，销售额也会随之增长；反之，当市场不再变化时，就不得不为争夺市场份额而竞争了。

很遗憾，日本的很多产业都已经进入了从成熟走向衰退的怪圈中，从市场规模的变化来看，很多行业都已不再成长而是停滞或者缩小。因此，各个企业都陷入焦灼的开发新产品或提高服务，以及促销和价格大战之中。

问题就出在竞争的方式上。为了提升市场份额，与竞争对手之间面对的都是相同的顾客群体，以相同的产品或服务来竞争，结果最终都演变成了价格竞争而已。应该从市场中发掘有相同需求的客户对象，以此作为“细分市场”并提供能够满足他们需求的产品，这样才能避免与竞争对手在同一战场上展开消耗战，同时也能有效提升市场份额。

总之，要对整个市场进行了解，看清楚所处市场今后的发展方向，找出具有商机的细分市场。在掌握这一点的基础上，再结合自己公司的实际情况，从能够获得新的成长机会的视角出发，进行分析和思考。

第三章与第四章将就公司的价值链以及基础设施方面进行讲解，在此之前，有必要先把握清楚所处市场的整体情况。

抓住细分市场

要想了解市场的整体情况，需要尽可能地搜集自己公司所处的市场规模的长期变化的数据并绘制出图表。有些行业的数字比较容易搜集，有些则会比较困难，但不管怎样，一定要在头脑中有“全局”意识。

所谓的“全局”意识，指的不只是考虑本公司所处的产品市场，同时还要关注高一层级的市场，并把握其动向。例如，经营面包房，就应该关注比面包高一层级的主食市场，如米饭、面类及其他谷物市场等。

图表22　面包与类似产业的比较

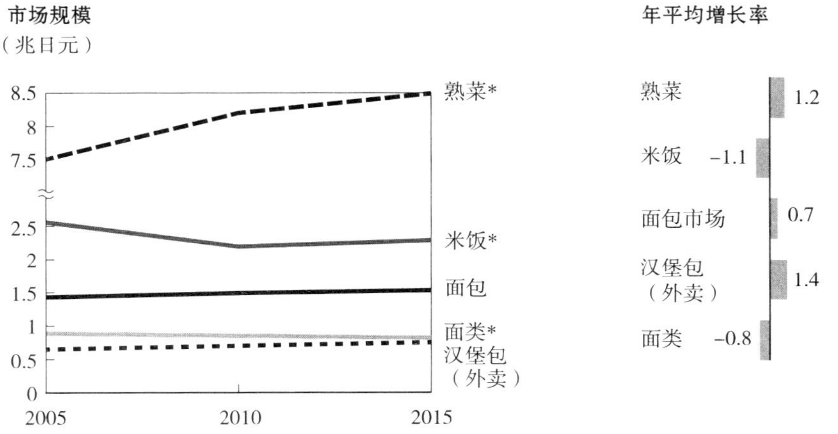

熟菜=并非在店内食用，而是购买后带到家里或上班的地方食用的熟食
米饭=日常米饭（便当、手握寿司、外买便当、外卖寿司、外卖盖浇饭等）以及加工米饭（速冻米饭、蒸饭、无菌包装米饭、套餐米饭等）
面类=生面、干面、意大利面（市售用）、通心粉、即食袋面、即食碗面等

POINT　类似市场中，熟菜、汉堡包（外卖）、面包等市场均在发展。

资料：由ForeSight & Company基于各种资料制作

夹菜面包由于与主食有部分功能重叠，因此与可能替代面包的食品之间也存在着竞争关系，所以像熟菜、汉堡包等也应一并考虑在内。

以这样的方式把握市场的整体情况，并找出哪里有较大的发展空间，才能了解发展的方向。

从图表22中可以看出，类似产品的市场中，熟菜市场的发展要远高于面包市场，而汉堡包（外卖）也有微幅增长。但另一方面，由于米饭和面类的市场在减小，所以相对来说，面包市场的状况还不算太糟糕。

假设从整体的变化上来看，市场规模在缩小，但那也并不意味着公司就是在走向衰退。

一般人可能只会关注市场的整体情况，一旦与预期的行业发展不同，市场开始缩小的话，很容易得出业绩不佳的论断。但是，要清楚大市场也是由小市场构成的。

顾客的需求也是多样化的，因此即便整体市场的发展是停滞的，但其中也会有某个特定产品的细分市场是在成长的。分析思考这些“细分市场”为什么能够成长，并反映到今后的对策中，才能扩大自己公司的业绩。

还是以面包房为例。

虽然面包的整体市场很幸运地处于成长的状态中，但其中也包括成长与不成长的部分。那么，接下来我们又该了解什么呢？被突然这么一问，是不是感到无所适从啊（笑）。

有市场调查经验的人，就会通过互联网来搜集有关面包房的各种统计调查资料，从其中了解具体的分类项目。从这些项目中获取的信息与数据，对于我们找出“成长中的细分市场”非常具有参考价值，同时也可以用于绘制图表。

其中最基本的信息，就是不同种类面包的市场规模与增长率。通过分析与此相关的图表，就能让我们对面包市场有一定程度的了解。

进行细分化的了解

请看图表23，虽然笼统地来说都叫作“面包”，但还是可以分为成长中的产品与衰退中的产品，而点心面包·丹麦面包的市场就在持续增长。这也许是因为甜味面包广受欢迎吧。

在分析细分市场时，重要的一点就是看自己公司的产品是否覆盖到了这些发展中的领域。如KENTA面包房几乎有售以上所有种类的面包，从这一点来说是很好的，但是在之前反映产品结构的图表15中，夹菜面包的比例在增加，而点心面包·丹麦面包的比例却在降低，这种有违于市场动向的情况，就要值得我们注意了。

面包这样的一般类消费品，其通过什么样的流通渠道进行销售，也是值得我们关注的。我们可以就此绘制出图表，这样更容易加深印象（图表24）。

说到销售渠道，以往量贩店、便利店以及面包房是主要的三大渠道，但目前量贩店已经取代了传统的面包房的地位，占据了主要的市场份额。这对于KENTA面包房来说，是一个比较棘手的问题。

最近，一些超市中也开设了烘焙面包的柜台，再加上上面所说的，面包的主要销售渠道由面包房向量贩店转变等因素，这些都会给KENTA面包房的业绩带来影响。

图表23　面包市场规模的变化

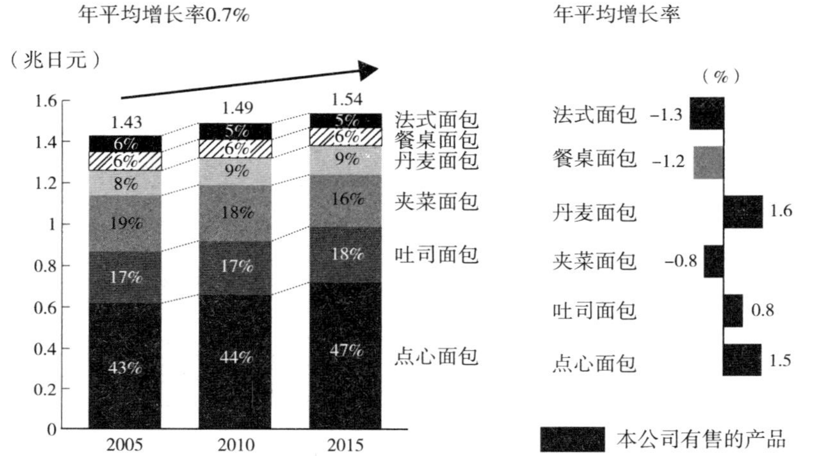

POINT　市场整体在小幅增长。虽然KENTA面包房的产品几乎覆盖了所有种类的面包，但作为主打产品的夹菜面包的市场却在减少。

资料：由ForeSight & Company基于各种资料制作

图表24　面包销售渠道的市场占比变化

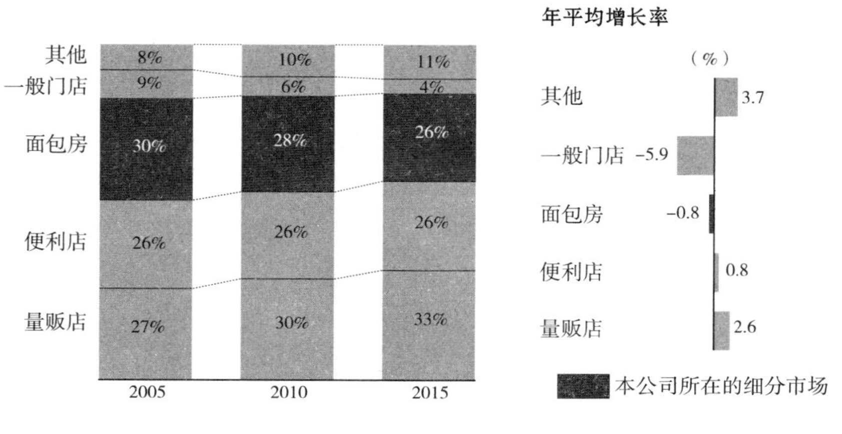

POINT　可以看出面包房所占比重在减少的同时，量贩店的比重在增加。

资料：由ForeSight & Company基于各种资料制作

11 搜集数据绘制图表

搜集数据的方式

读到这里，相信有的读者会问“到底该怎样搜集这些数据呢”，这里就数据的搜集方式简单说几句。

的确，在互联网还不发达的那个年代，可获取的信息十分有限，只能跑去政府刊物中心、图书馆等这些地方查阅统计资料。但现在，互联网的发展已经让数据变得触手可得。

关于整体的市场规模以及产品分类等的统计，是我们了解市场时不可或缺的重要信息。一想到能够探索此前未知的世界，各位读者是否有跃跃欲试的冲动呢?

光看这些数据可能会觉得枯燥无味，但通过将其转化为图表的形式，就能够加深我们的印象，有助于理解，各位一定要亲自动手挑战一下。

基于经验的思考

话虽如此，可当我们搜集了各种各样的数据并将其绘制成图表之后，又如何从中了解市场是否还存在商机呢？也许有的人会觉得“门槛”太高而无从下手了吧。

说放弃还有点儿言之过早，因为我们还有别的办法。最佳的方式就是参考在现场所学到的东西，也就是我们自己亲眼看见和亲身体验到的东西。

尝试去观察

首先，我们回想一下自己经常去的面包房吧。有的是在休息日去的店，有的是开在单位附近的店，常去那里买面包来替代便当，也有的是超市、便利店等这些并非专营面包的店铺。

大家更多的是在哪里购买面包呢？为什么会选择这家店？弄清楚这些问题，就能找到面包房的细分市场哦。

既然是经常去购买面包的店铺，那么肯定是有售合自己口味的面包。但是，为什么你会喜欢这一款面包呢？是经朋友推荐的，还是在报纸的广告上看到的？或者，只是看到店门口排着长长的队伍，所以自己也就去排队了？

进到店内又有什么东西是吸引你的呢？既然顾客排成长龙，那一定是有原因的。到底是某一款“爆品”面包，还是仅仅因为店里的营业员长得很可爱（笑）？

最受欢迎的到底是月牙形的面包，加入美味豆沙馅的面包，还是夹着肉饼、炒面的夹菜面包？把这些问题一一调查清楚，就能知道哪种细分市场有成长的可能性。

尝试去询问

拿出你的勇气来，去问店里的营业员“这里卖得最好的面包是哪一种”。

通常，首先给出的答案就是销量第一的产品了。“原来如此，真的是很美味的面包啊，仅看店里这情形就知道非常受欢迎啊。那销量排第二、第三的又是哪些面包呢？”像这样去询问，肯定能得到想要的答案。

接着还可以多去几家很有人气的店铺，进行同样的考察，并向营业员提出相同的问题。

此外，大家购买心仪的面包主要是因为什么呢？当然是因为好吃啦。可“美味”属于非常主观的个人判断，所以如果不弄清楚“美味”的具体原因，我们就无法再现这种“美味”。

决定产品魅力的主要因素

那么，是不是我们弄清了具体原因后，再现“美味”的可能性就更高了呢？

首先，最重要的一点是“现做现卖”的面包销售方式。有的店铺甚至在招牌上特意写上“现做现卖”的字样。的确，拿到手还冒着热气的面包，要比冰冷干硬的面包好吃。在店铺内设置厨房现场烘焙出的面包，当然要比从遥远的工厂集中制作并配送来的面包更美味啦。

除此之外，能够影响面包好不好吃的其他因素，还包括使用的原材料与配方，以及烘焙面包的方式等。

接下来，我们再来看看决定一家面包房是否具有吸引顾客的“魅力”因素。

图表25　决定面包房魅力的主要因素

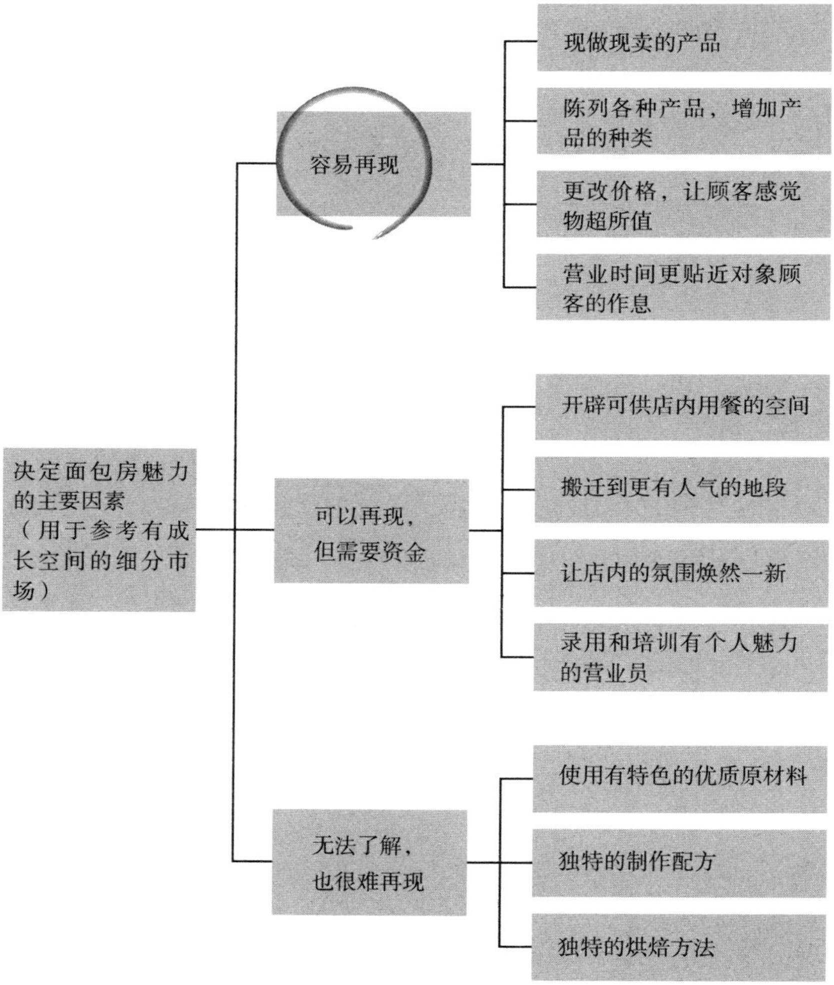

POINT　通过对其他店铺的观察，可以让我们知道面包房吸引消费者的“魅力”因素。对这些内容，特别是会影响面包好不好吃的因素，要有针对性地进行分析和讨论。

最近，很多面包房开始在以往经典的产品之外，增加一些新的品种，甚至也开始销售点心与饮料。还有些店会提供可在店内用餐的空间，这被称作“eat-in”型店铺。总之，比起传统的小型门店的模式，现如今销售各种产品的大型面包房是越来越多了。

那么，能够影响一家店“魅力”的因素有哪些呢？比较容易想到的当然是价格因素，虽然这在各行各业中都是一项基本的调查项目，但在面包房行业里，价格还是具有较大影响力的。此外，营业时间也是不可忽视的因素。

店铺所在的地段也会有影响。很少有人会特意乘电车或巴士，去很远的某家店铺买面包，基本上都是在自己活动范围内的面包房中，选一家中意的去购买。另外，店铺装修的风格与氛围也会影响到来店内消费的人，所以这也是一个重要的影响因素。

像这样，先不管这些数据是不是容易搜集，重要的是思考哪些因素会给销售额带来影响，这样才能帮助我们找出问题并想出解决之策。

不过，对于好不容易想出的重要事项，大家会不会就那样放在一边？即使是非常棒的想法，也会很快被忘掉。所以应该将其绘制成图表，并将我们的想法总结成理论框架。

12　了解顾客的需求

化“主动生产”为“被动生产”

至此，我们已经从市场的整体情况、产品以及销售渠道，还有门店的特点等方面，了解了所谓的“细分市场”。接下来，我们还需要对顾客以及顾客的需求与行为进行调查。那么，之前所讲的“对市场的了解”与这里提到的“对顾客的了解”又有什么区别呢？

所谓的“市场”，是指以数值的形式来表示企业将产品化的东西销售给顾客的结果。而“顾客”则是催生这个市场的源泉所在。

当经济向好的方向发展时，只要我们的产品够好就能销得出去，可以通过改进所售产品的功能来与对手竞争。销售额也可以根据以往的数字来进行预测。

但是，经济泡沫破裂后市场不再增长，未来也变得难以预测。其结果就是必须要从过去以供给方为优先考虑的“主动生产”模式，转变为迎合顾客需求的“被动生产”模式。

而顾客的价值观是多样化的，“拥有相同需求的顾客群体”都非常小众，所以我们必须更好地去了解顾客的需求。如果做不到这一点，那对于将来的市场会有哪些变化，也就一无所知了。

之前所介绍的面包房行业，其所做出的各种改变，都并非源自店家的异想天开。而是在了解了什么对顾客来说才是有价值的产品以及顾客都抱有哪些消费需求的基础上，才诞生出的经营策略。

的确，在经济景气的时代，店家可以向外宣传自己产品的“价值”，然后吸引有同感的顾客前来消费。但是现在不同了，顾客对于自己想要的东西，也有一定程度的了解。因此，只有能充分了解顾客需求并提供相应产品的店家，才能吸引更多的顾客。

作为面包房来说，必须要了解其所处商圈内的顾客群体都是哪些人，而这些人对面包房会有哪些需求。

值得一提的是，与过去不同，现在的顾客都会利用互联网获得更多的信息。所以，即使身处偏远地方的人，也会对大城市繁华街上的某家面包房有所了解，也会产生想要购买其店内所售产品的购物需求。

当然，这不仅限于面包房这一个行业，对于所有企业来说都是要面对的。虽然很多大公司都表示明白这一点，但仍难免以自我为中心的“主动生产”来行事，导致业绩不断恶化。

从数据中了解需求

对于商家来说最重要的就是洞悉客户到底想要什么，要清楚地掌握他们的需求。事实上，要想了解所有的客户都在想什么，也是一件非常困难的事。因此，为了尽可能地提高成功的概率，首先有必要清楚地知道我们的顾客到底是哪些人。

当然，为了解市场的消费倾向，通过现有的统计与调查问卷资料来确定

图表26　了解顾客——消费支出额的变化

以谷类为主食的家庭的消费支出变化*

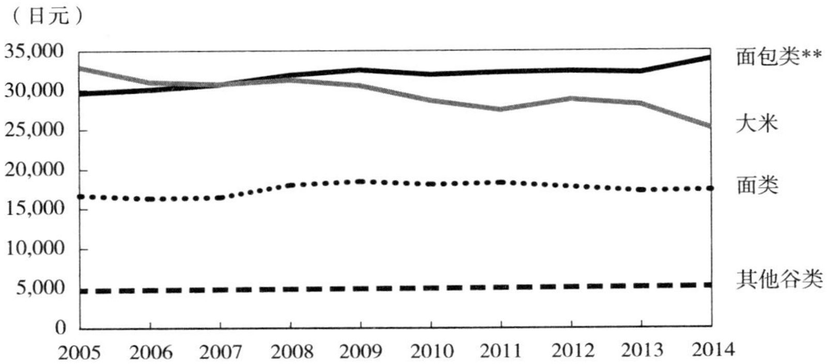

*一户家庭的年消费支出——2人以上的家庭

**面包类包括吐司面包、其他面包（点心面包等）以及作为主食的熟菜面包

POINT　2007年平均每户家庭的消费支出中，面包类的消费超过了大米。

资料：由ForeSight & Company基于《家庭支出调查年报》制作

图表27　了解顾客——谁在购买?

上班族家庭与不上班家庭对谷类的月消费支出（2014年）

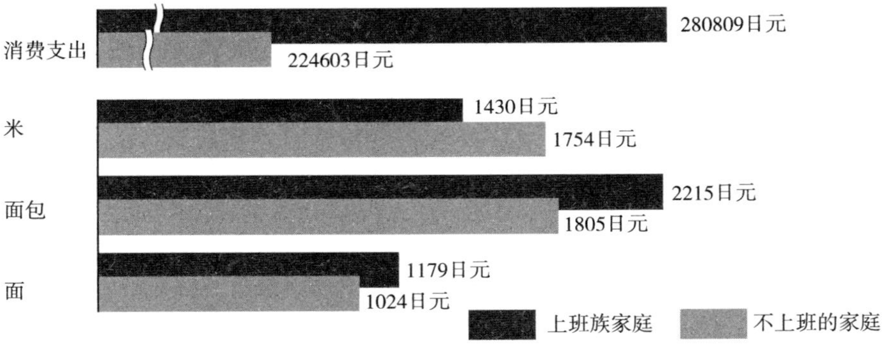

POINT　无论是上班族家庭还是不上班的家庭，对于面包的支出都大于大米及面类，特别是上班族家庭的支出情况非常显著。由此可见，面包还是很受上班一族欢迎的。

资料：由ForeSight & Company基于《家庭支出调查年报》制作

事业活动的大致方向也很重要。我们可以借助有关部门发布的官方资料，或自己在家、办公室上网搜索来获取数据。

例如，通过《家庭支出调查年报》，可以了解到平均每个家庭会在何种消费品上支出多少金额，甚至还可以按照时间顺序来排列数据，如每月购买多少大米、面包或面类等。也可以按照不同的阶层来进行对比，如分成上班族家庭与不上班的家庭。

将这些数据输入Excel程序，经整理后就可绘制出如图表26这样的图表了。

虽然从图表22中我们已经知道，面包的市场规模在扩大，而米饭的市场规模正在减小，但这里是从家庭支出的视角来分析的，可以看出2007年以后家庭对面包类的支出超过了对大米的支出，并且两者之间的差距在逐渐拉大。说不定过不了多久，日本的主食就不再是大米，而要换成面包了。

另外就是按上班族家庭与不上班家庭的分类来比较，我们发现上班族家庭“不吃大米而吃面包”的倾向更为显著，可见面包很受上班族的欢迎（图表27）。可能是因为忙于工作而没有时间烧饭，或者是将面包纯粹当作点心而在其上有大量的支出。

不管怎样，通过这种方式能让我们在头脑中对顾客的属性以及需求产生一个大致的印象。

通过调查问卷了解顾客动向

接下来，可以将针对饮食及面包的社会调查问卷的数据进行图表化，并从中分析发生了哪些变化。

顾客对食用面包有什么看法？面包受到哪个年龄层群体的欢迎？通过对这些问题的了解，可以帮助我们从调查问卷的结果中，得出一个更加具体的印象。

关于食用面包的频率的问卷调查，将答案按照性别、年龄分类整理后，从图表28中可以得出一个令人颇感意外的结论，即年龄越大食用面包的频率也变得越高。

与以往固有的“老年人以米饭和味噌汤加咸菜为主”的饮食印象不同，现在每天都吃面包的人，反而是60多岁的群体。从进一步的调查中得知，早餐吃面包的情况所占比例非常大。也就是说，“老年人的早餐需求”可以看作是一大细分市场。

除了十几岁的年龄层外，女性食用面包的频率也超过男性，这倒与我们的日常印象相符，男性一定都选择去吃泡面了吧（笑）。

从图表27中可以看出，上班族家庭对面包的支持率非常高，但是图表28中则显示老年人与女性群体的支持较高。所以，我们再来看看关于职业女性午餐情况的问卷调查结果（图表29）。

可以看出，独自一人用餐的情况高居第二位，而且会选择购买便当或面包。由此可见，“女性独自用餐的需求”也是一个细分市场啊。

发现潜在的顾客

那么，作为面包房来说，是否需要了解自己的顾客到底是哪些人呢？凡是来到店里的人都是重要的顾客，这样的想法当然没错，但如果没有一个焦点的话，就不清楚该制作什么样的面包了。

现在仅靠“现做现卖”已经不能吸引顾客了。而且，除非是特别有名的面包房，否则也不可能会有人不远千里花费时间辗转前来消费。所以面包房所面对的顾客，主要还是以其所在商圈内的人群为主。

图表28　了解顾客——食用面包的频率

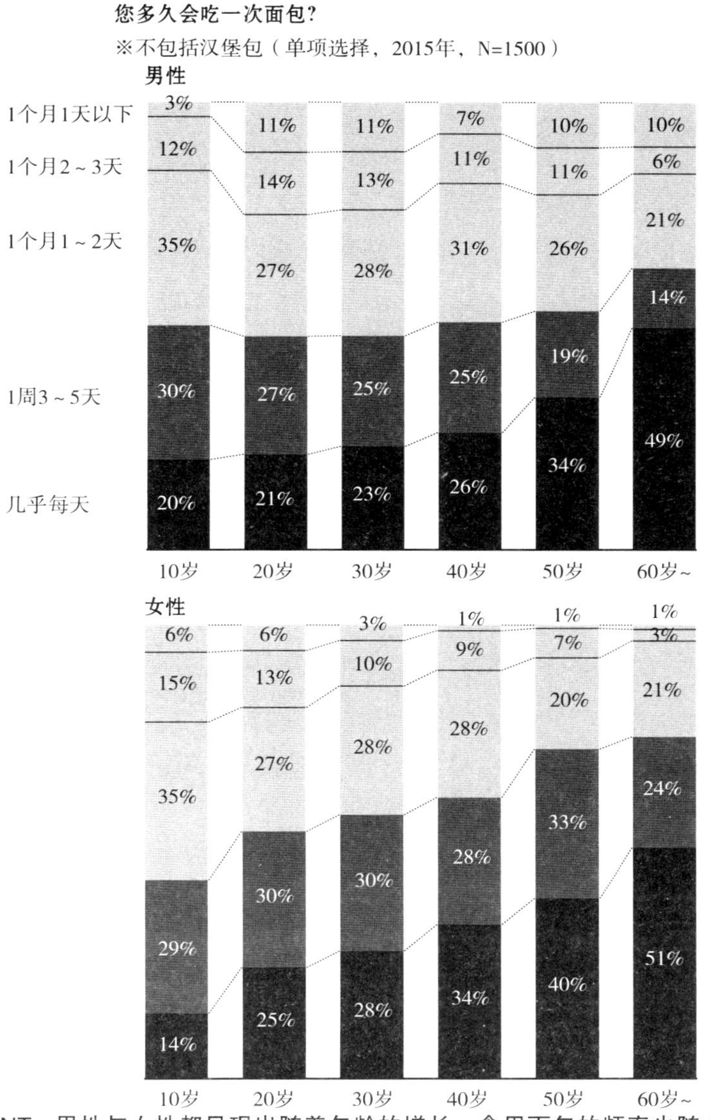

POINT　男性与女性都呈现出随着年龄的增长，食用面包的频率也随之变高的趋势。20岁以后，比起男性来，女性食用面包的倾向很明显。

资料：由ForeSight & Company综合各种资料制作

图表29 了解顾客——职业女性的午餐情况

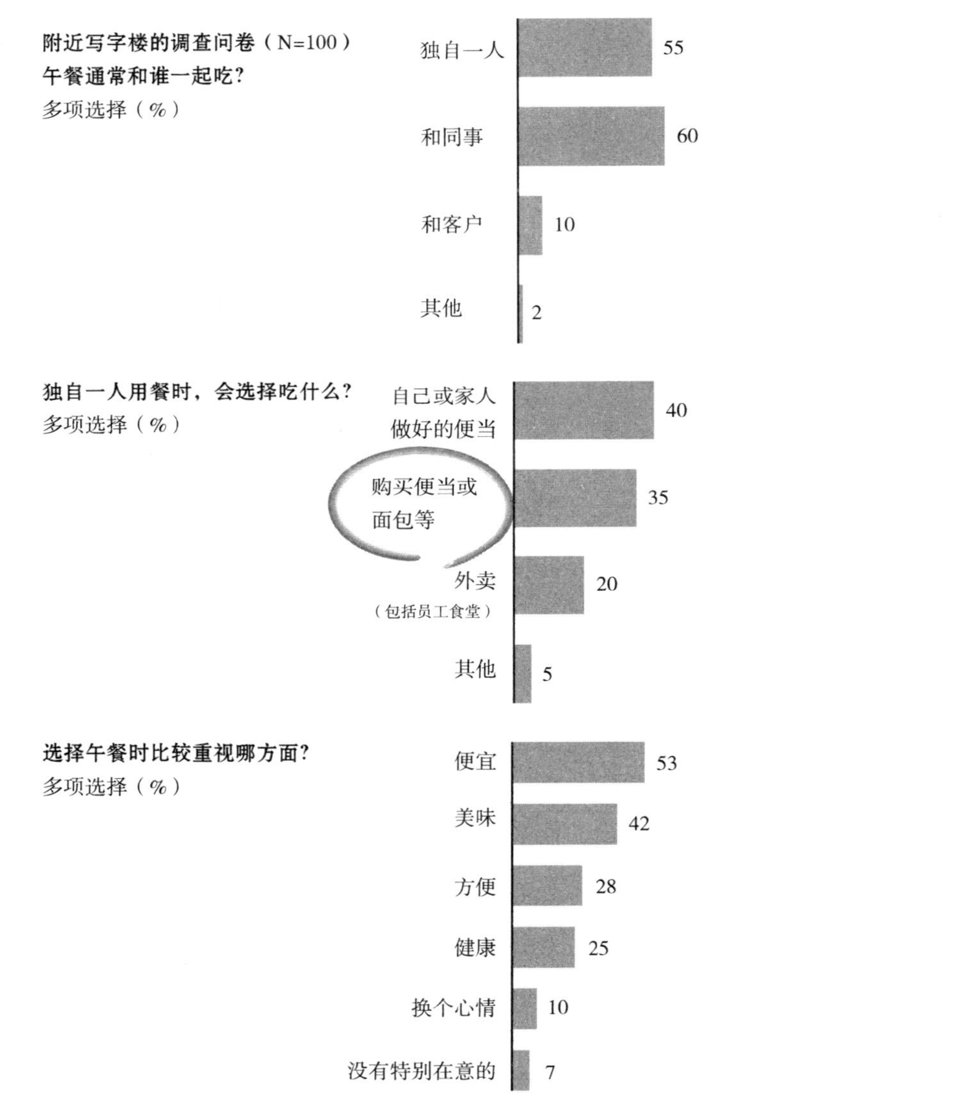

POINT 职业女性过半数是经常独自一人用餐，并且购买便当或面包的情况也不少。对便宜好吃又方便的午餐产品有需求。

基于这一点我们需要了解以下一些事情。住在店铺所在商圈内的都是哪些人？如果其人口增加的话，是否也意味着喜欢吃面包的群体数量也在增加？如果潜在顾客的数量在不断减少，那么无论你制作出多么美味的面包，也都很难会有业绩上的提升。

正如前面所用到的《家庭支出调查年报》那样，要了解商圈内的人口也有一些统计数据可供参考，如相关部门发布的国情调查以及企业统计等。其中，国情调查是以所有居住在日本境内的人作为其调查对象的。以这些调查结果为依据加工得到的数据，就可以绘制出像图表30这样的图表来。

商圈内的人口数量在持续增加，而支持食用面包的上班族的比例也在增加，由此可见这是一个成长中的市场。虽然面包市场的增长率为0.7%，但该商圈内人口的增长率已经超过了这一数字。这也就解释了图表16中“港区面包市场”一直在增长的原因。

为了更加准确地了解顾客的行为，可对来店的顾客和营业员进行访谈，也可以就相关顾客的购买行为进行一次问卷调查。

样本数（调查对象的数量）也没必要增加到100或200。在调查问卷发放的对象没有错误的前提下，只需搜集50份回复，就足以让我们对此前未知的情况有一个具体的了解。

各位读者也最好能以自己的客户为对象，进行一次问卷调查，并尝试将其结果以图表的形式表现出来。一定会让你有很多新的发现。

第二章中，我们主要是学习了解所处的市场中是否还有成长的机会。通过我们搜集到的各种各样的数据，可以总结出以下几点认识：

·面包市场在成长，其中像点心面包·丹麦面包这样的甜味面包的市场比重较高。

·销售流通渠道以量贩店、便利店、面包房这三个为主，特别是量贩店所占的比重较高。

·顾客群体中，老年人以及上班族的支持率特别高。

·老年人的早餐需求、职业女性的工作午餐需求等，这些都是具有特点的细分市场。

将以上的事实，与KENTA面包房的实际情况相结合进行分析。

首先，面包作为一个成长中的市场，加上所处的港区人口也在不断增加，对于本企业来说是个机遇。量贩店的势力正在增大，而KENTA面包房与超市之间的商战也正在发生。另外，以夹菜面包为核心的整个产品结构，

图表30　了解顾客——把握商圈内的人口情况

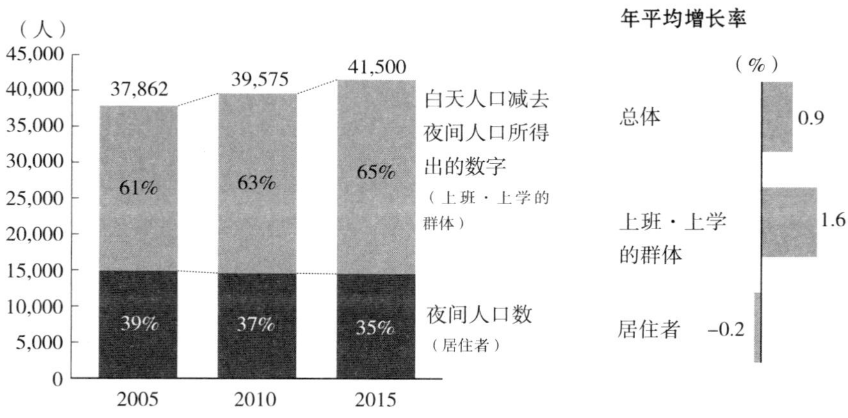

*面包房周边的人口

POINT　上班·上学群体的增加，是整个商圈内的人口增加的趋势。

资料：由ForeSight & Company综合各种资料制作

与市场的动向是逆向而行的，有必要了解这其中的原因。

关于老年人的早餐需求以及职业女性的午餐需求，以KENTA所在的商圈来看，很可能这两种细分市场都是存在的。只有了解了本公司出现的问题，才有可能进行改善。基于以上这些认识，我们将在第三章中以审视本公司的“视角”来思考、分析问题。

专栏3

一张图表一个信息

据说丰田公司就曾规定所有的文件都只能用一张纸写完，那么在绘制图表的领域，也同样要遵循“一张图表一个信息”的重要原则。也就是说，一张图表上只能反映出一个最重要的信息。

我们在分析和思考问题的过程中，要绘制各种各样的图表，同时在我们的脑中也蓄积了各种各样的信息，最终这会让绘制出的图表充

一张图表、一个信息

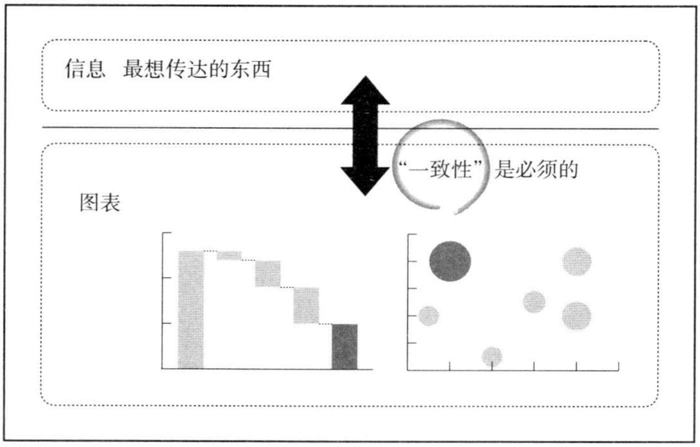

一张图表所传达的内容就集中在一个信息上，
这样才能做出最容易传递信息的图形。

满大量的信息。

但是，说到绘制图表，并不是说你搜集到了大量的数字就很了不起，或者你设计出了复杂的图形就意味着你头脑很聪明。最最重要的是，能不能用一个最简单的方式，就将一个重要的事实准确地传达给对方并让他理解。

在绘制图表时，可以将希望从该图表中读出的信息都写出来，最开始哪怕是几点概要都行。

列出所有的想法后，从中整理出特别重要的以及特别想传达的信息，并以文字的形式写下来。尽可能控制在两三句话以内，文字要足够简洁。

写好后，将先前的图表隐藏，在头脑中想象为了传达这些信息，我们需要有一张什么样的图表。

是要让人看出其变化，还是了解其详细的内容，抑或是要通过比较呈现倍数的关系。根据这些想法来决定图形的类型，以及是采用一张图的形式，还是将两张图结合在一起。

为了更清晰明确地传达信息，我们还应对搜集到的数据进行确认，是否还需要补充一些数据，还是要将一些无关紧要的信息从图表中剔除出去。

当一张图表中包含了各种要素信息时，还可以尝试将其要传达的信息，一分为三，分解成三张图表。通过这些方法，才能让我们绘制出让对方更容易理解的、简单的图表。

第三章

摸清价值链在哪些环节有问题

13　何谓“价值链”

用来表示事业流程的价值链

到目前为止，我们已提到过好几次“价值链”的说法，但是所谓的“价值链（Value Chain：企业创造价值的链条）”到底是什么意思呢？

这个概念首先是由迈克尔·波特（Michael Porter）于20世纪80年代提出

图表31　第三章中将学习和实践的内容

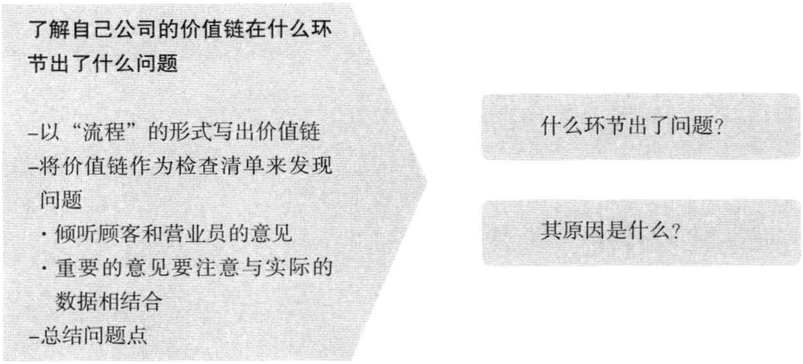

POINT　将绘制出的价值链作为检查清单，能让我们了解和发现问题。

的，他指出企业的事业活动可以被整理成一个“流程”，而这正是企业竞争力的来源。

说到将企业的活动整理成“流程”，就需要对该企业活动自始至终的所有环节都进行了解。一般来说，制造工厂的价值链应该是：一开始对顾客的判定，接着是产品的开发，然后是生产环节、市场营销环节、销售环节以及售后服务等。而不用进行产品开发和生产的商社，其流程就是顾客的判定、产品的采购、市场营销、销售等。

这一连串的流程其实就是所谓的“事业”内容，同时也反映出了一个企业的经营战略。假如市场在成长而销售额却不见起色，那就应该是企业的战略出了问题。因此，思考自己公司的价值链（战略轴）出了什么问题，并了解其中的原因，对于改善业绩来说是极其重要的。

话虽这么说，可这对于从未思考过自己公司价值链是什么样的人来说，应该是非常头疼的一件事。实际上，价值链从来都不是固有的，而是会根据各个公司自己的想法而有所不同。这么一说是不是更觉得困惑了？

请大家放心，本章将继续以KENTA面包房为例，说明有关价值链的分析思路。看完本章的内容，你一定能亲手绘制出自己公司的价值链来。

写出你想到的内容

那么，具体到面包房的事业活动，又是怎样的一个流程呢？

你脑中首先会浮现什么环节呢？我们可以将这些内容都写下来。

“嗯，烘焙面包、卖面包、吃面包？”

作为初次接触价值链概念的人来说，能想出以上这三点已经足够了。这些内容就是我们“分析价值链的切入点”，接下来我们就来进一步思考。

“烘焙面包、卖面包、吃面包”这三项的逻辑顺序是正确的，因为“卖面包”不可能摆在“烘焙面包”之前。然而，“吃面包”指的是顾客做的事情，并非面包房要做的（虽然制作过程中也会试吃），所以要将“吃面包”这一项剔除掉。

由此可见烘焙面包与卖面包是面包房的主要工作。这里我们需要运用语文的能力，来进行理论思考。一说到理论是不是已经有人开始产生抵触情绪了？不用担心，我们只是为了思考正确的逻辑顺序，所以大可不必紧张。

从用词中体会层级的概念

首先来看“烘焙面包”这个说法。“烘焙”一般是指用烤箱进行加热的过程，但这样的理解范围未免有些过于狭隘。

其实，这里所说的“烘焙面包”，不仅有“加热”的意思，也包括了之前制作面团等一系列工序。因此，不应使用“烘焙面包”的说法，用“制作面包”会更恰当些。

根据抽象的程度进行排序替换

接下来再看看“卖面包”，与“烘焙面包”正相反，这个词所包含的意义范围又过于广了。

以时间顺序将“卖面包”进行具体的分解，可以是“陈列面包”“接待顾客”“收银”“将面包交到顾客手中”等，可见其包含了各种活动。所以，“卖面包”从抽象程度上来说属于较高一级的概念。

我们可以在纸上写下这些表示活动流程的短语，此外再想想还有什么是

图表32　绘制价值链的方法 以面包房为例 I

①一开始请思考面包房主要做哪些事情，并将所想到的内容写下来

②仔细分析用词的意思，进行适当的更改与分级

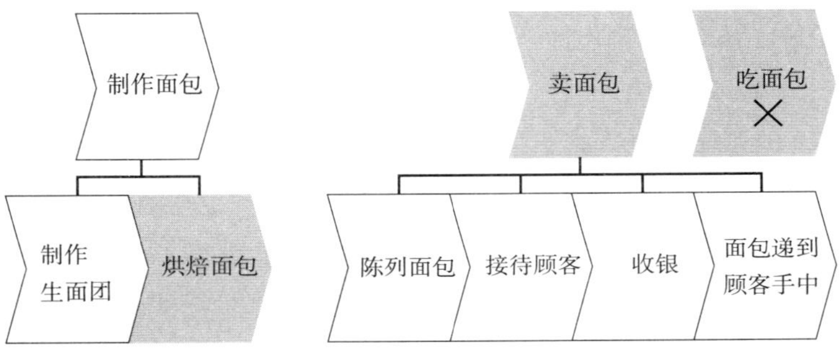

③根据用词的抽象程度进行排序替换

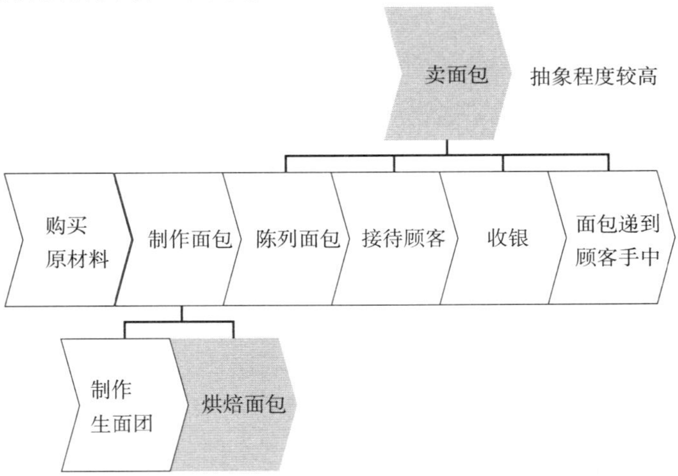

POINT　首先将所想到的内容都写下来，然后体会用词的具体含义，并根据抽象程度来进行排序。

被我们忽视掉的呢？对，在“制作面包”之前，还要“购买原材料”。

就像这样，将我们所有能想到的内容都写下来，并根据用词的具体含义进行“分级”并排序，最后整理出像图表32这样的内容。

怎么样，是否已经看出流程来了？在绘制的过程中，我们要运用自己的想象，思考面包房的事业活动中还包含哪些环节。

再加入其他想到的内容

在“购买原材料”之前还有什么重要的事情？对，就是到底要制作哪种面包，即决定好店里的菜单。如果还打算同时销售饮料的话，也要想好具体采购何种饮料。

除此之外，还有哪些重要的内容呢？

是否要进行广告宣传、决定销售价格、给新产品命名、向会员顾客发送宣传邮件（DM）、添置制作面包的设备、印制带有店名的购物袋等。

另外，还有兼职员工的雇用、员工工资的支付水平以及店内卫生的打扫等。

把握大体流程

一旦我们写下所想到的内容，项目的数量会开始增加直至难以整理的程度。能在头脑中想到这些内容固然很好，但是越想越复杂，反而也是让人头疼的一件事。

重要的是，我们不能因此就产生“我没有相关的经验，也没学过专业的知识，所以想象不出面包房的价值链”的想法。

也许有人会认为“我连自己工作了十年的公司的价值链都弄不清楚，怎么可能绘制出一无所知的面包房的价值链呢”，其实不要这样想，只要我们能够掌握正确的“思考方式”，就一定可以想出价值链的大体内容。

笔者自己就从来没有以销售为目的制作过面包（倒是会在家用面包机烘焙出面包，然后带到公司当作便当），也没在面包房上过班，更没有做过面包厂家的咨询顾问工作。因此，这里的案例都是依靠想象写成的，说不定也会有错误之处，而且如果去咨询相关专家的话，也许能绘制出更加准确的价值链来。但是，最重要的还是先把握其大体上的流程。

进行分类归纳整理

我们已经在纸上写出了很多关于面包房所能想到的内容。随着信息量的增加，整理的工作变得越发困难，这时该怎么办呢?

首先，纵观我们所写下的内容，将“相互关联的信息”归纳到某一个类别中。这样找出几个类似的类别，并分别命名。

整理工作之所以难，就难在“思路”上，也就是说信息都是混杂在一起的。所以，为了消除这种混杂的状况，我们可以对其进行分类归纳整理。

“购买原材料”“制作面包”这两个环节可以归纳到“制造”的概念下。

“陈列面包”“接待顾客”“收银”“面包递到顾客手中”等这些与“卖面包”相关的环节，可以归纳到与“制造”同等级别的“销售”概念下。

“生产何种面包”“从供货商处采购饮料”等都可以归为“产品·商品的开发”类别下。你知道吗，一般来说，自己公司生产的东西叫作“产品”，从别处采购而来的东西则叫作“商品”哦。

“广告宣传”“定价”“新产品的命名”“DM邮件”等可以归纳到“市场营销”的概念下。

如果将“添置制作面包的设备”也放入到“制造”这一类中的话，就应该改成“筹备·制造”环节了。

为顾客准备的购物袋，如果算作材料的话，可以归为“筹备”一类。如果在购物袋上印有店铺的名称，那么其能起到吸引别人关注的广告宣传效果，所以也可以归为“市场营销”这一类中。

“员工的雇佣”“工资的支付”等大体上则可以归为“人事”类。

那么，还剩下一个“打扫”没有分类了。卫生大扫除是每天都要做的重要活动，要让店铺保持整洁的环境，所以大体上属于“店铺的操作”。

但是，这样分类的话，“打扫”就被单独归为一类了，同类别中你还能想出与其同样重要的活动吗？其实，将其与目前已经想出的其他内容合并，也未尝不可。

之前已经将“员工的雇佣”“工资的支付”等归为了“人事”这一类，加入“打扫”之后，就可以变成更高一层级的概念“店铺管理”（图表33）。

还有其他的一些类别，都是与“面包从生产到送到顾客手上”这个主要流程之间无直接关系，而是以“店铺管理”为基础的活动，性质上稍有差异。不过，都是好不容易想到的内容，所以也很重要，可以将其标注上“企业基础设施”。关于“企业基础设施”的问题，将在下一章中进行讲解。

图表33　绘制价值链的方法　以面包房为例 II

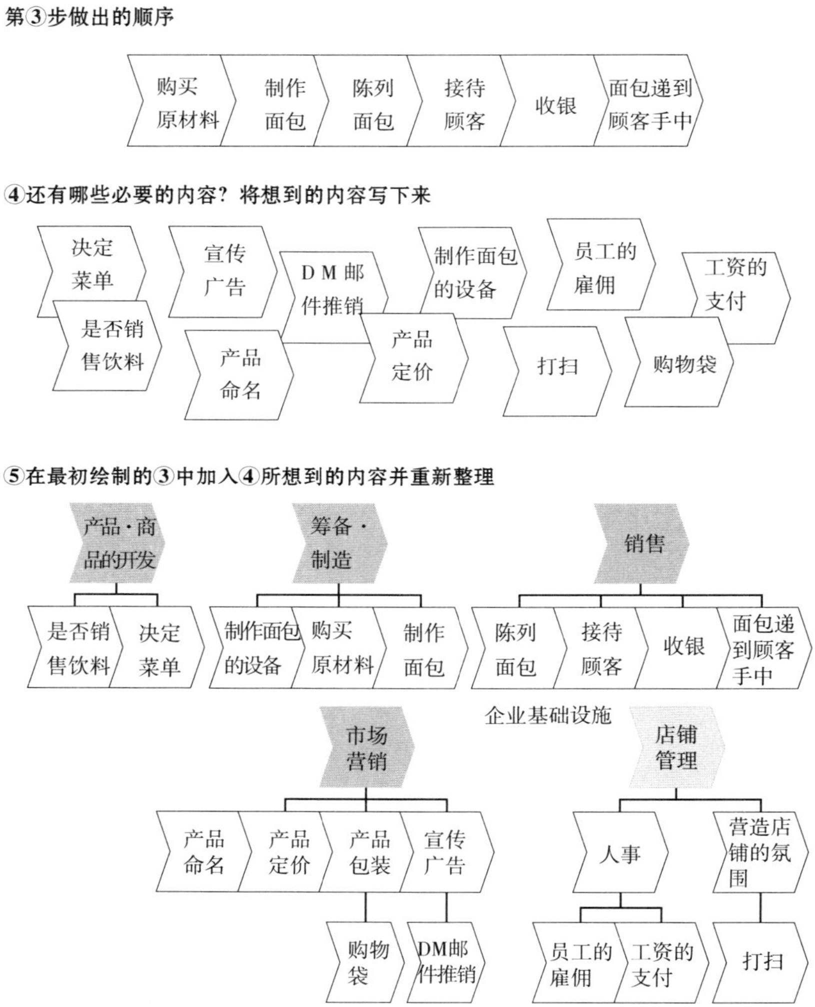

POINT　在图表33的③所绘制出的流程中，再加入新的内容，并按照类别进行整理。经过分类归纳的整理之后，复杂的流程也变得简单易懂了。

按照时间排序

对最开始想出的内容进行一些思考并分类整理后，让我们能够更好地理解这些信息。

好不容易整理到这个状态，还差最后一步就能大功告成。

因为价值链其实就是企业活动的流程，所以要将目前为止总结出的所有类别，按照时间顺序进行排列。重要的是，要想清楚哪一个应是放在最开始的环节。要将所有这一切的“源头”项目，摆在最左边的箭头位置，否则整体的流程就毫无逻辑性了，这一点要特别注意。

按照这样的思路，应该从“对顾客的判定”开始。现在已经不是“只要生产出来就能卖出去”的时代了，必须要充分地了解目标顾客的需求。因此，也可以说之后的所有价值链内容，都是为了应对顾客的需求而设计的。

然后，要以顾客为对象，开发满足顾客需求的产品或商品。之前讲过，产品就是指自己公司生产的东西，所以就面包房来说，指的就是店里将制作何种面包。

而商品则是指从别处采购而来的货源，所以需要去寻找能够满足目标顾客需求的别的公司的产品。如果决定同时也销售饮料的话，要找到美味的鲜榨果汁或咖啡的供应商。

产品种类决定好之后，接下来就是商品以及面包原材料的采购了，也就是进入到实际生产产品的“筹备·制造”环节。接着是对产品的命名、定价和广告宣传等“市场营销”的活动。

然后就是向来店的顾客“销售”产品。像这样走完所有的流程，整个价值链才算真正完成。

最后再审视一次这个流程，为了让购买过产品的人能够成为本店的忠实顾客，可能还要费尽心思地提供小赠品等。

所以我们还需要在目前的流程中，再加入一项“售后服务”的环节。位置就紧接在“销售”之后。这样就完成了面包房的整个价值链的绘制（图表34）。

在箭头图形表示的大体流程的下方，写出具体的活动内容，同时还有一些可能被忽视的内容也可以标注出来。这样一来，我们就能从整体上把握这些对于提高企业竞争力来说非常必要的内容了，哪些是属于应该要做的事情

图表34　绘制价值链的方法 以面包房为例 III

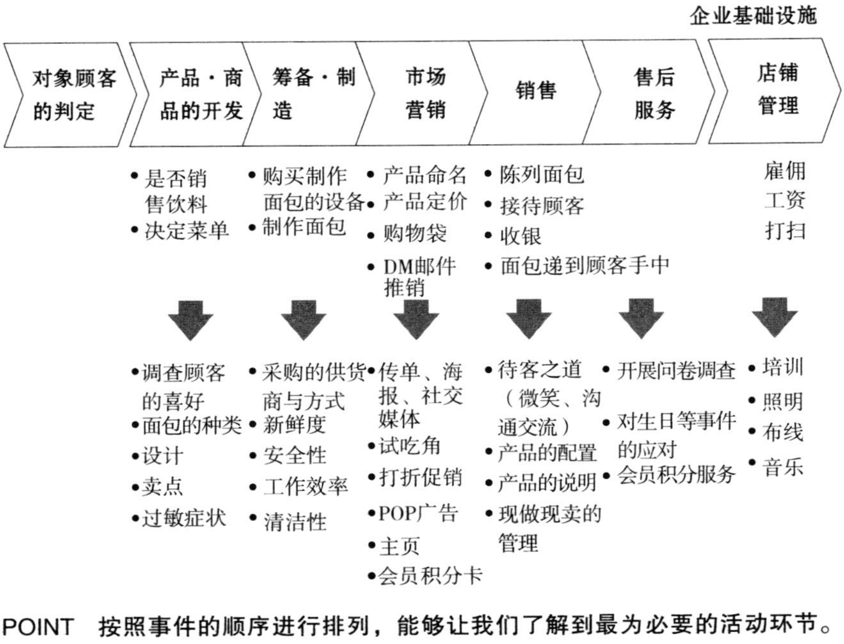

POINT　**按照事件的顺序进行排列，能够让我们了解到最为必要的活动环节。思考具体的活动中什么才是最重要的。**

也会变得很明确。

这就是建议大家都亲自绘制价值链的主要原因。请务必按照这里的步骤，尝试将自己公司或自己所属部门的价值链绘制出来。相信你一定能从中找到问题的“路标”。

14 掌握正确提问的能力

通过交谈弥补信息与数据的不足

绘制出企业的价值链，也就意味着构建了公司战略上是否存在问题的框架。

咦？是不是又看到了一个比较难懂的词，也是最近经常会听到的一个词——“框架”。在这里，“框架”指的是对事物和信息进行整合时的一种思维方法，也可以说是从价值链中了解问题的“整理轴”。

运用“框架”，可以帮助我们发现价值链的哪个环节出了问题。所以也被看作是检查问题的一个清单。

运用“框架”探寻问题点时，要能够对问题有一个大致的了解。本来也应该是像第一章和第二章中那样，将与价值链中各要素有关的数据进行搜集分析的，但这会很复杂。因为与财务决算报表中公布的数字不同，这里更多的还会涉及一些公司内部都不曾统计过的数字。

面对要搜集的数据都不知道存不存在，还要从中进行复杂的分析……一想到这里，就让人觉得困难重重。很多人会因此产生“自己做不到”的负面情绪了吧?

但是，请大家放心。这里还是要再次强调一下，本书的写作目的，是为了让身处商业第一线的各位读者，都能够顺利地找到问题的“路标”，严谨性倒是其次。所以，只要能找出问题，并就解决问题给出一个大致的方向，就已经是合格。

当数据的搜集和分析遇到困难时，也可以尝试从“他人的回答”中了解大致的问题点。当然这里并不是说随意地去提问，而是结合自己想要了解的要点内容。下面就将对此进行讲解，不过在这之前，我们还是先通过图表35来确认一下KENTA面包房目前的状况吧。

在第一章分析自己公司的现状中，我们了解到KENTA面包房的业绩存在严重的问题。

在第二章面包市场的分析中，我们了解到虽然整个面包市场以及港区的市场都处于成长中的状态，但是KENTA面包房的市场份额却在下降，可以说遇到了“竞争力下降”这一根本性的问题。

只有具备了一定的竞争力，才能在面包市场不断成长、商圈内人口不断增长、支持面包的上班族较多的市场大环境中找到商机。我们有这些了解就足够了。

以正确的提问引导对方说出观点

可以通过和各种对象进行对话的方式，来帮助我们了解KENTA面包房的问题。但是，要想从对方的话语中获取弥补信息与数据不足的内容，还需要具备“正确提问的能力”。

无论是把这称为“倾听”也好，还是“访谈”“面谈”也罢，所谓“正

图表35 整理我们所了解到的KENTA面包房以及市场状况

通过基本的数字了解自己公司的现状是否存在问题	了解所处的市场是否还有商机
-销售额从2010年的顶峰开始呈现下降的趋势。2011年由于震灾的影响，单价较高的丹麦面包以及法式面包滞销。2012年以后增加了夹菜面包的种类，虽然销量有所提升，但是整体的销售额并没有恢复到之前的水平。 -虽然港区的整体市场规模在扩大，但公司所占的市场份额却在降低。 -由于主打产品从毛利润率较高的点心面包·丹麦面包，转变为毛利润率较低的夹菜面包，使得总利润率呈现下降的趋势。通过对夹菜面包的毛利润率的改善，让整体的毛利润率呈微减的态势。 -销售额减少，员工数量却在增加，导致销售利润率降低。 -生产效率低下。裁减销售员工的数量导致整体的生产效率微减，可能导致店铺接待顾客的水准下降。	-市场整体处于成长的阶段，公司的销售额也在增加，但是由于受近年来经济低迷的影响，所占的市场份额在下降。整体来看，便利店与量贩店的数量在增加，而普通门店与面包房的数量在减少。 -从商品的市场来看，点心面包·丹麦面包的市场在增长，而夹菜面包·法式面包的市场在缩小。 -商圈内的人员构成中，上班族·上学族的比例较高，并且仍在增长。职业女性有半数是独自一人吃午餐的，所以便宜美味又方便的面包较有人气。 -2007年开始平均每户家庭在面包上的消费支出已经超过了大米，特别是上班族家庭、女性群体在面包上的支出较多。

↓

KENTA面包房所在港区的面包市场，是以点心面包·丹麦面包为主的，人员构成方面也是喜欢吃面包的上班族·上学族所在的比例较高。在这样的市场环境下，销售额竟然呈下降的趋势，市场份额也在降低，同时生产效率很低下。其结果会导致销售利润率也开始恶化，所以说问题还是比较严重的。

POINT **将此前已经掌握的信息再整理一遍，才能让自己更明确地知道该以什么样的态度来解决问题。**

确提问的能力”，就是指能在对话过程中，通过“正确的提问方式”，引导对方说出自己的想法和观点。

以面包房为例，到底要向谁提出什么样的问题，才能弄清楚业绩停滞不前的最大原因呢？这属于实践操作的能力，而“提问的能力”则是一种特殊的能力，有必要通过学习来加以掌握。

你也许会觉得：“欸？提问的方式还需要专门学习吗？”或者你可能认为直接将自己有疑问的地方向对方提出不就好了吗？

如果对方恰巧知道我们所不知道的内容，并且也愿意说出来，那这样的提问谁不会呢？可是说到日本人的性格，很少会有人在公司会议、学校讲座或者面向社会人的研讨会等场合，主动积极地进行提问吧（笑）。其实，像这种很自然地产生的疑问，我们在提问时只需要拿出点勇气来就行啦。

但是，我们这里所说的提问，主要的目的还是为了解决问题，而且基本上无论是我们自己，还是提问的对象，可能都不知道确切的答案。还是以面包房为例吧，怎样向他人提问，才能帮助我们弄清楚价值链上存在的问题呢？

总不可能是把营业员叫来，给他看公司的价值链，然后问他“你觉得哪个环节出了问题”吧，这样太过深奥难懂的问题，几乎没人能给出答案。

对于有“解决问题”意识的我们来说，绘制自己公司的价值链图表，都是一件吃力的事情，那现在将这样的问题抛给那些从没有过这样想法的人，或者从未认真思考过面包房的经营活动哪里出了问题的人，未免显得有些太苛刻了。

但是，我们也不能因此就只问营业员一些很容易就能回答上来的简单问题。

"你觉得我们店里的面包口味怎么样？"

"最近销售额不见起色，是因为附近的超市吗？"

"在店里工作辛苦吗？"

像这样的问题，对方倒是能不假思索地回答上来，但是这对于我们了解本质性的问题并没有什么帮助。

为了解决问题而进行的提问，应当是能够促使提问者与提问的对象都能够进一步思考的问题。要一边通过提问控制对话的节奏，一边准确地搜集我们想要的相关信息。

15 正确提问的三大难点

避免以自我为中心式的提问

为什么“提问”会变成一件很难的事情呢？其原因主要有三个。

其一，只提问自己感到疑问的那部分内容，即所谓“以自我为中心”式的提问，这是关于“提问姿态”的问题。

其二，一上来就问非常具体详细的问题，这是关于“提问内容”的问题。

其三，为了让访谈一直正确地进行下去，需要为之后的提问想好“更多的候选问题”，要做到这一点需要有理论化的思考能力，所以这是关于“提问者理论思考能力”的问题。

那么，首先我们来看看什么是“以自我为中心”式的提问。

在某些研讨会上，常常会见到有这样的提问者，他们提出的问题好像更多的是为了表达自己的观点，或是一种骄傲自满的情绪。他们表现出一副“只有像我这样想问题，才是正确的”的样子，并希望得到在场者的赞同，这就是所谓的“以自我为中心”式的提问了。

还有一种情况是我们过于想知道自己感兴趣的问题答案，于是很唐突地向对方问出“这款商品有备货吗”这样的问题。其实这也是一种“以自我为中心”式的提问。

所谓“对话”是必须要有对象的存在才能成立的，我们在提问时必须要考虑“对方的立场与角色”和“维持继续对话下去的气氛”。如果一开始的提问就让对方露出困惑的表情，那就说明提问是失败的。

注意对方的立场与心情

当我们是为了找到问题的“路标”而进行提问时，有必要说明我们提问的目的，并充分考虑受访者的立场与角色身份，要从对方愿意回答的部分开始问起。遗憾的是很少有人能做到这一点。

我曾与受雇公司的一个团队一起走访他们的顾客。目的是要了解顾客的需求以便帮助新产品的开发，但团队中的一名成员是电气设计工程师，所以他一上来的问题就是：“尊敬的顾客，您觉得我们产品的电气部分存在哪些问题吗？”

作为负责电气设计的工程师，当然会想到提问自己所关心的这部分内容。但是，对于受访者来说，电气问题只不过是若干问题中的一个而已，而且说不定压根儿也没考虑过有关电气部分的问题。

像这样，提问者想问的内容与受访者想说的内容产生了错位，对话也就很难顺利进行下去。

如果得到的回答是“没什么特别的问题”，这表示你的提问已经让对方失去兴趣，更糟糕的是还有可能失去对你的信赖感，很难继续认真地对待之后的访谈。

相反，如果能在提问前，充分说明这次拜访的目的——如果能准确掌握顾客的需求，将有助于更好地进行产品开发，并且将来也会与顾客自身的利益息息相关，彼此之间营造相互信赖的印象。这样对方才会认认真真地思考并回答问题，给出非常有用的意见。

避免一开始就提出非常具体的问题

还有一次也是和受雇公司的团队一起去走访他们的销售代理商。主要目的是想要了解影响公司业绩提升的问题，但是，营业负责人一上来的提问却是“顾客对我们公司的产品评价很糟吗”。

为什么说这个问题不好，各位知道原因吗？因为提问得太过于具体了，

图表36　为解决问题而进行提问的难度

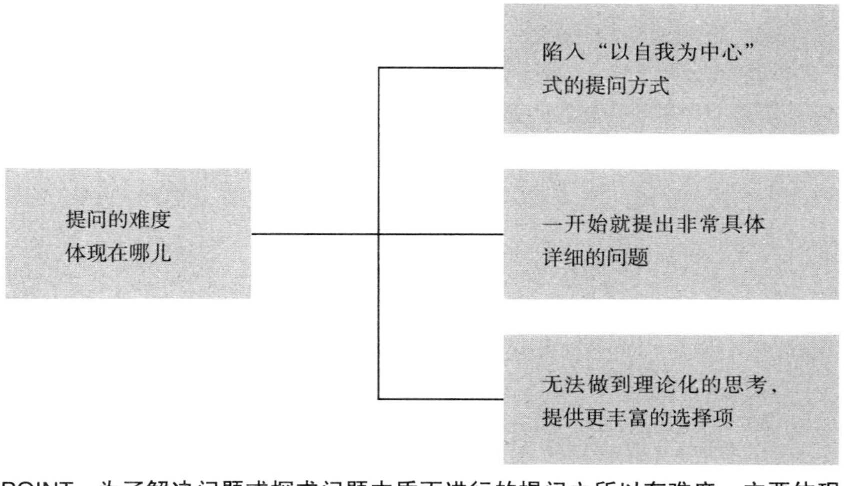

POINT　为了解决问题或探求问题本质而进行的提问之所以有难度，主要体现在三个方面。要想提出更好的问题，就需要了解这些内容，并加强自己理论思考的能力。

反而会引导代理商产生“原来是产品有问题啊”这样的负面想法。所以要注意，在有些场合下我们的提问很可能会带有一种诱导性。

像这样，一开始就提出很具体的问题，等于将要讨论的问题限定死了，也很难让对方说出心中真正所想的内容。越是详细具体的问题，越容易首先被想到，这是人类一种不好的习惯，可想要克服它却很难。

考虑更多的候选问题

为了通过提问的方式引导对方说出有价值的意见，必须要让对话顺畅地进行下去。当对方就我们的问题给出答案后，我们需要针对这个答案再进行提问，这样才能引导出更有意义的回答。

虽说我们可以就一开始提问什么样的问题，预先做好充分的准备，但是对方的答案却是我们无法预计的。因此，这种情况下就必须当场进行思考并接着提出新的问题，而这正是对话的难点所在了。

针对对方给出的答案，进行更加深刻的思考，瞬间在头脑中想出若干个候选问题，并运用到之后的提问中，这样才能保证对话的节奏不被破坏。

特别是这些思考中，如果存在对方也未曾注意到的有价值的内容，同时还能让重要的问题显现出来，这才算是最成功的对话。这也是正确提问的难度之一。

克服思维定式

有趣的是，人都有所谓的“思维定式”，而这也会给提问及对话带来麻烦。例如，在与销售员谈话的过程中，可以看出这个人思维方式和表达方式中的一些习惯，而这对整个对话也会有影响。如果不巧是一个习惯很糟糕的人的话，下单的概率就会大幅降低。

我们有时很难发现自己的一些习惯，同样也不会留意别人的习惯，比方说，在与销售员相处时，若不仔细观察他说话的方式，肯定不会留意某些细节。

通常我们在做强化提问能力与对话能力的训练时，可以建立一个个性化的“顾客提问备忘录”，通过分析顾客的思考方式与表达习惯，来为提问方提出相应的建议。总之，思维定式是可以通过训练来克服的。

16 向谁提问？从何问起？

理解倾听顾客心声的意义

明白了正确提问的三个难点之后，我们再来说说具体的实践方法。还是以面包房为例，看看为了弄清问题所在，要如何以顾客为对象进行提问。

首先必须要清楚的是该向谁提问。假设大家是面包房的店主，可能想到的对象就是制作面包的员工、销售面包的员工以及实际购买面包的顾客。

根据不同的行业，可能涉及的对象还会有所增加。例如，本公司生产的是某种零部件产品，如照相机的镜头。这种情况下，我们可以提问的对象除了涉及开发、采购、生产、销售等本公司价值链各个环节的员工外，还包括了代理经销照相机零件的商家，照相机厂家的开发、采购人员，照相机专卖店的员工以及最终购买和使用照相机的顾客等。

对于生产镜头的厂家来说，直接的顾客其实是照相机厂家负责采购的人，而最终购买和使用照相机的人（终端用户），反而是离得很远的对象。

但即便如此，我们也要重视各个环节的意见，因为倾听他们的声音是非常重要的一件事。

在经济整体增长的时代，人们并不重视意见的声音，认为只需要通过高端的技术生产出优良的产品，然后大力宣传，并通过代理商、专卖店等渠道铺货，即可保证畅销的态势。

然而市场中并不只有你一家的产品，其他厂家的产品质量都很优秀，同时价格也都很便宜，所以想在技术方面营造产品的差异化就变得很难了。因此，我们应该回归到原点，重视所有环节的意见。

最近就有一些公司会积极地针对顾客进行问卷调查，作为消费品的新产品，如果无法通过顾客的试用评价的话，就不会上市销售。

了解对方真正关心的内容

作为面包房的店主，由于实际购买的顾客都是在眼前能见到的，所以很容易与其进行沟通和交流。可以首选常来店里的熟客进行提问。

可是，该问什么样的问题呢？从KENTA面包房的现状来看，虽然面包市场在增长，但是本公司的销售额在减少，市场竞争力也在下降。

所以，很可能想问顾客的是“您觉得我们店的面包与别的店相比好吃吗”“您觉得我们的定价是否有问题呢”等这样的问题吧（笑）。但是就像我们前面所说的，前者属于“以自我为中心”式的提问，而后者则是太过于具体的问题，这些都是错误提问的典型例子。

那么，到底该从何问起呢？这种情况下，首先提的问题应该是：“在这么多销售面包的门店中，您为何选择来我们这儿购买面包呢？”

从序章的部分开始，我们就一直在强调“为了了解具体问题点，必须从大体的层面开始”这种意识的重要性，当我们在向顾客提问时，也要遵循同样的原则。大体上，我们应该先弄明白“对方真正关心的地方是什么”，要从这一点开始我们的对话。

从开放式的问题开始问起

“您喜欢来我们店吗”“价格与口味您更在意哪一个”像这样，只能选择“是”和“不”或在二选一作为答案的问题，叫作“封闭式的问题”。

而与之相对的，像“为何会选择来这家店购物呢”这样的问题，对答案的范围并没有做出限定，就叫作“开放式的问题”。

当我们想要找出问题的“路标”时，应该就最重要的要点提出开放式的问题。而对这种“笼统的问题”所给出的最初的答案，往往也是对方最关心的内容。

“在这么多销售面包的门店中，您为何选择来我们这儿购买面包呢？”想一想，当我们向顾客提出这个问题后，会得到哪些答案呢？可以想象差不多会有以下的答案吧：

“因为这里的面包很美味”；

“因为店员待人很亲切”；

“因为很喜欢店里的装修氛围”；

“因为顺路很方便”；

……

说不定还会从顾客那里得到 “因为早上7点钟就开门营业了” 这样的答案呢。

所以你看，顾客选择面包房的理由会有这么多种可能。因此，我们不应该依据闭门造车的推断来进行提问，而是要通过与对方的实际对话，来获得真实的答案。

向细分化的问题转换

很多人会有这样的一种倾向，当对方就我们所提出的问题给出答案后，这个问题就到此为止了。并非因为我们对答案感到满足了，而是怕继续追问下去的话，会显得不够礼貌。但是，如果是为了解决问题的话，仅靠最初的答案几乎是不够的。

“为什么会来我们店里买面包呢？”像这样的问题，即使我们得到的答案是“味道很美味”，但这对于我们发现问题或者解决问题并没有太大的帮助。

如果你是店主的话，被夸赞面包美味当然会很高兴，然后能做的也就是继续沿用先前的配方了吧。仅通过“美味”这一点，无法让我们明白之后该制作何种口味的面包。“美味”这样一个笼统的答案，并不能让我们清楚地知道顾客具体指的是什么，或者说顾客在期待什么，也就是说信息是不够充分的。

我们可以接着这个答案继续问下去：“您觉得我们店里的面包好吃在哪里呢？”

这么一来答案可能就五花八门了，可能是因为使用全麦粉带来的独特口感，或者不腻人的自然甜味，抑或是吸引人的面包配料、优质黄油的香味、刚刚好的大小、现做现卖的方式……

但是，得到这些答案之后，同样不意味提问就结束了。

我们还要继续追问“与其他的店铺相比有何不同呢”，以此来具体地了解美味的要素是什么。

值得我们深究的不仅仅是“美味”这一点，像前面示例中所提到的“店

图表37 从笼统的问题开始问起，逐渐细分化

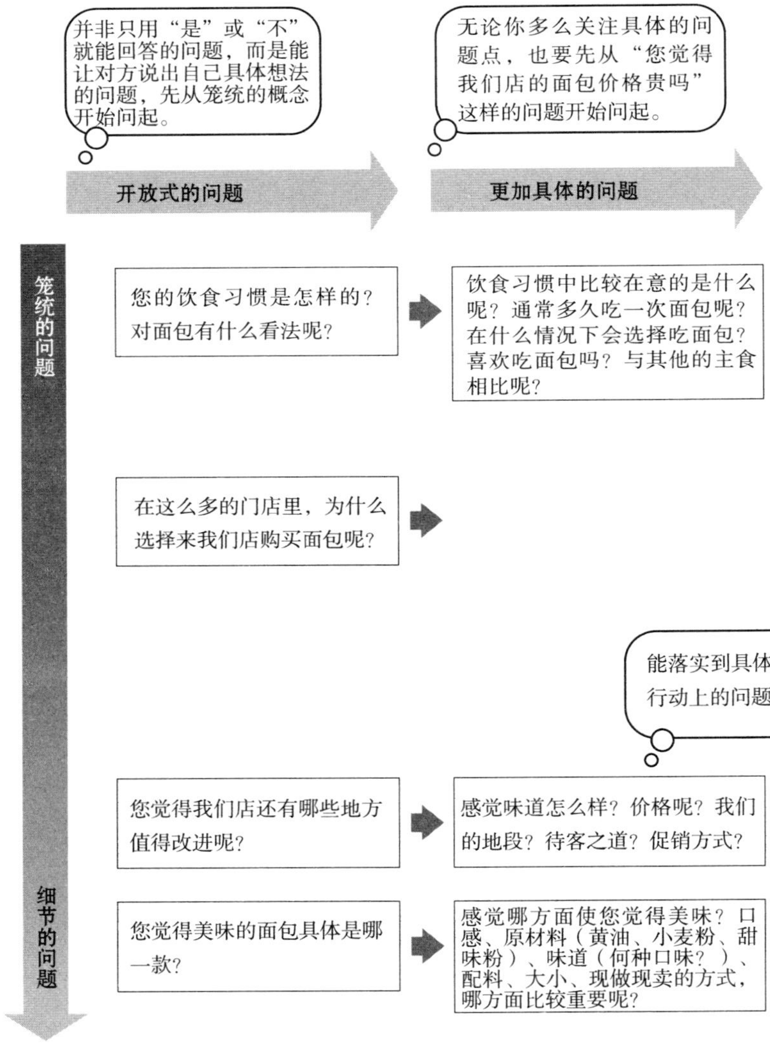

POINT 从笼统的方面开始提问，以开放式的问题进行自由的对话，在此基础上再通过具体的提问帮助我们发现重要的事项。

员待人很亲切”等，也值得我们去弄清楚“亲切”到底指的是哪方面。

是说表情很亲切，还是说话的方式，抑或是对细节的注意，会向顾客提供各种建议……当人们表示“亲切”这个感觉时，其实包含了各种方面的要素，所以只有弄清楚具体所指的内容，才有助于我们进行再现。

首先要与对方建立信赖的关系

首先提问的对象可以选择店里的熟客。由于相互间比较熟悉，所以沟通起来也较容易，不但能得到及时的反馈，即使是略显啰唆的提问，也因为彼此间存在信赖的关系，都会给予回答。

“与您之前去过的最好的面包房相比，您觉得我们店怎么样？哪些地方仍需改进呢？”比如像这样的提问，请对方针对本公司的问题点说说他的看法。

对此，顾客给出的回答也许会是这样的：“这个啊，我之前去过最让我心动的店铺，一进去就感觉其装修的氛围很明快，柜台上也摆放着看起来很美味的面包，就像一个个在那里欢迎顾客的到来一样。而且经常会有一两种面包是现做现卖的，虽然面包的价格会贵一些，但是比起价格来这种感觉更让我心动啊。”

然后，我们可以继续这样问：“为什么会很喜欢那样的氛围？为什么会让你产生‘美味的面包在欢迎你到来’的感觉呢？”诸如此类，这样在找出自己店铺问题点的同时，也有了继续改善的可能性。

听完熟客的意见之后，接下来更有难度的是去听取那些“流失掉的顾客”的意见。这样能让存在的问题点更加明确，所以即使再难也值得我们去挑战。

注意对员工进行提问

听取了顾客的意见后，接下来也要对员工进行提问。

KENTA面包房有制作面包的员工1.4名，销售员工2.2名。之所以会有小数点的存在，是用每月变动的人员数求出的平均数值的缘故。

面包的制作这块主要是店主和临时工一起负责的，而销售方面则以两名员工为主，忙时再临时加入其他的人手。

我们可以先与主要负责销售的两名员工进行交流。

各位读者在公司内进行提问时

这里要将面包房的案例放到一边，先来说说各位读者，当你们想要了解本公司所存在的问题时，应该如何对公司内的人进行提问。

一开始最好是向了解公司整体情况的人进行提问。例如总裁或董事等这些担负经营职责的人。如果平时难以接触到他们的话，也可以向经营企划的负责人或者有多个部门工作经验的领导等进行提问。

“原本很期待公司的业绩能更上一层楼，但是为什么无法如我们所预计的那样有所增长呢？”我们可以先这样以“笼统的问题”开始提问。

当销售额大幅下降导致收益性也恶化时，可以这样来提问：“为什么销售额的增长率在下降呢？”“收益性恶化的原因在哪儿呢？”

在第一章中我们已经介绍过，通过数字的方式来了解自己公司的问题，所以将我们调查出的数字展示给对方看，也是一个不错的方法。“为什么市场份额在这十年间下跌了5%呢？”可以像这样，结合具体的事实和数字来进行提问。

当我们从掌握全局情况的人那里获取了信息以后，接下来还要对负责接待顾客的销售员或者客服人员进行提问。这些都是获得顾客信赖的人，因此他们可以听到顾客的真心话，并能转述对方意见中的真正“含义”，所以他们的回答值得一听，并且也将是一次很有意思的对话。

“大家为了提升公司的业绩一直都在努力奋斗着，但是公司整体的业绩却并没有提升。你觉得为什么会发生这种情况呢？”可以用这样笼统的问题来开场。

当然，就像前面说过的那样，为了能够从对方的回答中找出具体的问题点，需要我们不断地进行追问。除此之外，那些抱有问题意识并常常在会议中积极发言的人，也是我们提问的对象之一。

17 通过提问了解问题

要了解各自的关注点上的差异

那么，我们再回到KENTA面包房的问题上来。

我们已经知道了当店主向营业员进行提问时，是不能采用“最近销售额一直在下降，你觉得是因为店里装修的氛围不够好吗”这样的问题的。

因为这是一个封闭式的问题，对方的回答要么是“是的，我也是这么认为的”，要么是“不，我觉得不是这样”，这样等于给对方的思维限定了范围。而且一般这种场合下，也很少有员工会当着店主的面承认这是个问题，所以最后我们就只可能得到唯一的答案。

还有，“最近销售额一直在下降”这样的提法，难免有点太“以自我为中心”的感觉了，也是不可取的。作为营业员来说，可能更关注的还是自己工作的忙碌程度、工作的乐趣、工资的水平，等等，真正会关注销售额变化的人实际上并不多。

而且，即使是每天都在店里工作的人，或许能感觉到最近顾客变少，存货变多等这些变化，但在看到我们统计出的具体数据之前，也是不可能对销售额的实际状况有所了解的。所以，突然一下子听到销售额下降的情况，很可能会大吃一惊："什么？是打算辞退我吗？"像这样，最后还是回到了自己所关心的那方面上。

所以我们在开始提问之前，必须意识到自己与对方在各自关注的重点与认识上的差异，并且也要注意表达的方式。

"实际上，最近店里的面包卖得不是很好，不知你注意到了没有？你对此有什么看法呢？你觉得问题出在哪儿？"像这样才是正确的提问方式。

这里有一点大家注意到了吗？就是我们在提问中使用了"不知你注意到了没有？你对此有什么看法呢"这样的表述。因为针对我们所提出的问题，有些观察力比较迟钝的人可能无法回答上来，即使向他们提问也不可能得到想要的答案。所以，为了不浪费双方的时间，想好"该向谁提问"也很重要。

尝试向营业员提问

结合对以上几点的认识，我们来看看店主对两名营业员（小樱与桃子）之间的对话。

店主：非常感谢大家一直以来为店里努力地工作。虽然我很少过问销售上的事，但是多亏了二位的工作才让我们的店可以正常运转。因为平时也很少有机会能与你们进行交流，所以今天特地想要听一听二位的一些想法，也是为了能改善大家的工作环境。还请大家多多指教。

二人：啊，还请您多指教。

店主：我知道桃子是半年前作为新员工加入的，而小樱应该是已经在店里工作了很多年了吧？我想应该有很长时间了。

小樱：已经有五年了呢。

店主：这真让我吃惊啊。真的要感谢你一直以来的工作和付出。工作了五年的时间，一定会对店里发生的变化，还有与过去的不同之处有些想法吧？

小樱：是的，确实有一些体会和想法，比如以前经常来光顾的客人，现在基本上见不到了。还有的客人，虽然会进到店里来，但最后还是空手而归什么也没有买……

桃子：虽然我不太清楚与以前相比是什么样子，但确实有的顾客是进店后什么也没买就回去了，我觉得是不是我们招待得不周啊。

店主：原来如此，之前确实没注意到这点。我老是待在厨房里，不到前台来确实不太好啊。不过，二位对此有什么看法呢？顾客好不容易进到店里来，为什么最后会什么也不买就走了呢？

小樱：我想起了以前常来我们店的熟客，像喜欢菠萝味面包的○○君，还有总是会买巧克力月牙面包的△△君，可最近他们也不来光顾了。是不是因为我们店不再卖他们喜欢的面包了，再加上可供他们选择的种类变少了呢？

桃子：确实是这样，从那些没有购物的顾客的眼神中可以看出来，他们是把店里的面包都看了一遍以后才离开的。也曾经听顾客说过“怎么点心面包的种类变少了啊”。除此之外，我觉得他们之所以会把店里的面包都看了一遍，也可能是因为我们店的招牌产品没有吸引到他吧。

店主：嗯嗯，没有了想买的面包，再加上招牌产品不够显眼，所以顾客最后都不知道该买什么好。那为什么会这样呢？

小樱：要说原因的话，是不是因为我们不再销售“弘前之果”这款面包了啊？以前常会在招牌上写上：“超人气！秋天的苹果加上牛奶蛋糊制成的丹麦面包！”而且还会摆在店里最显眼的位置，给人“我就是女王”的感觉，就像是镇店之宝一样……

店主：确实啊。为了制作季节性的水果面包，在采购水果方面很耗费时间，再加上夹菜面包卖得很好，所以当初就想可以取消这部分产品。实际上，夹菜面包只在白天卖得很好，也许是门店附近有很多男性上班族的缘故吧。

小樱：的确，白天来购买的顾客中，都买的是夹菜面包。但除此之外的时间段里就很少有男性顾客前来了。倒是女性顾客会不分时间段前来店里消费。啊，也许因此我们才会注意到这些什么也没买的顾客。

桃子：我不知道这样说对不对，每天只补充两次面包的频率，让人感觉有些“冷清”啊。如果能时不时地出炉一些新鲜的面包，会有一种很让人期待的感觉。而且如果有现做现卖的面包，我们在向顾客推荐时也会更容易些。

店主：虽然桃子来店里工作才半年的时间，但是你能注意到很多方面，真的是了不起。这么说吧，今后不必太过拘礼，不管你想到什么都请说出来，这对我们店会很有帮助的。

小樱：是的啊，我好像听桃子说过，她的梦想就是能在面包房工作吧，所以一直很努力啊。只不过在与别人打交道方面还不太擅长啊，是吧，桃子？

桃子：很早以前开始就特别喜欢吃面包，而且我也很擅长做点心。实际上，儿时起就一直常来这家店买面包呢。只是一见到陌生人，就不太敢主动上前与其交流，别人还以为我不爱说话，其实是因为自己特别紧张……

店主：呀，我之前还真不知道，原来你也是我们的一个老顾客。确实，如果我们能推出现做现卖的面包，那么大家在与客人交流时也会更容易些。

桃子：是的，我们店里的面包刚出炉时的美味，还是很有特点的。

店主：不过，桃子的梦想是在面包房上班，这我还是第一次了解。是因为很喜欢制作面包吗？

桃子：说起来有些不好意思，我想今后也开一家自己的面包房！所以，能够被招进店里真的非常开心。在待客接物方面还有很多要学习的地方，同时还希望在面包的制作方面能帮上忙。除此之外，关于经营面包房的所有事情我都想去尝试呢。

小樱：桃子，能把你一直以来的想法说给店主听，真的很棒呢！

店主：这真是太棒了。要是能早点告诉我就更好了。不过话又说回来，真的是我们现在的产品种类出了问题吗？虽然原有的水果丹麦面包被取消，点心面包的种类也减少了，但不是还保留了经典的产品吗？并且也增加了夹菜面包，对顾客来说难道不是有了更多的选择吗？

桃子：事实的确是这样。夹菜面包让我们的男性顾客变多了。但是，女性顾客却很少会购买夹菜面包……虽然因为夹菜面包让我们整体的品种变多了，但是对于想吃甜味面包的人来说，真正可供挑选的还是那几种而已，如果这些面包种类再减少，就相当于可选项更少了。

也许因为我自己就是一个很爱吃丹麦面包的人吧，现在店里所陈列的面包，对于女性顾客来说，确实也很难产生想要购买的冲动。但是，随着夹菜面包种类的增加，如果不相应地减少丹麦面包的种类的话，那肯定也做不过来了。

店主：原来如此。男性与女性在口味喜好上还是存在差异的。以前我们的顾客，主要是以喜欢我们店的水果丹麦面包为主的群体，当我们将主打产品换成夹菜面包之后，对他们来说，也就没有想买的面包了。好的，我明白了。此外还有什么原因吗？大家还能想到什么？

小樱：去年附近超市的面包柜台也推出了现做现卖的面包，而且夹菜面包的种类也一下子多了起来。当然，就味道来说肯定还是我们店里的最好，可是他们的价格比较便宜，所以还是有不少顾客被吸引过去了。

店主：这一点我也注意到了。虽然我们店里的夹菜面包，跟点心面包还有法式面包相比价格很便宜，但是之前一直考虑的还是口味方面的问题，没想到价格也是有影响的啊。

桃子：是这样。男性顾客一般一次会购买两三个，如果还想再买饮料的话，就会发现总价比较高。有的顾客可是很在意自己钱包里的钱的。

店主：嗯嗯，看来是时候认真思考一下面包种类与定价的问题了。大家还留意到哪些方面吗？

小樱：这么说的话，我的前任梅代小姐，还真的是一个性格开朗的美女呢，非常受顾客的欢迎。她走了以后，还有一些熟客对此表示过遗憾呢。虽然我们也一直在努力与顾客培养感情，但还是不能与梅代小姐比啊。

特别是午餐的时间段，在那么忙碌的情况下，很难做到细致入微地去接待每一位顾客，所以我建议能不能增添一个帮忙的人手。

店主：嗯，从我的角度来说，二位都已经做得非常好了。今天也非常开心能听到这么多很有参考价值的内容。我们自己的分析是否正确，还需要通过与顾客之间的沟通来加以确认。所以大家如果有机会的话，也请委婉地询问顾客的感受。

整理关注的内容

从两位营业员与店主的对话中，我们可以获得很多有价值的内容。大部分与我们之前在第一章和第二章中通过数字所得出的猜想也很匹配。

另一方面，也搜集到了此前没有了解到的信息，对于店主来说是一次很有意义的访谈。

像这样，以笼统的问题向熟悉销售第一线的人员进行提问，并且通过多次的反复提问，能让我们了解到他们所发现的问题点。不过，即使再优秀的人，也很难网罗全部的问题，因此，我们需要进行多人次的访谈。

还有，对于本人没有意识到的重要问题，需要结合事实去继续深挖问题的原因，但要做到这一点需要具备一定的技巧，所以有机会的话我们再继续讨论。

不要忘了给予反馈

在进行访谈时，必须要及时地给予一定的反馈。特别是店主对员工提问，或者上司向部下提问时，你对听到的意见是怎样想的，对于对方给出的提案和希望是否认真思考过，都应该及时地传达给对方。

即使有很多是无法马上回应的，也要向对方的回答表示感谢，并将从其他人的访谈中得出的结果，以及对今后策略的方向性思考，都传达给对方。

如果什么反馈也没有，就会让对方感到失望。这种情绪产生以后，对于接下来的问题就不会再认真回答了，这样就变成了一个恶性循环。我们在对顾客提问时也是一样，要表示出由衷的感谢。及时的反馈对于构建相互信赖的关系是必不可少的。

18　提高访谈效果的技巧

所有重要的内容都做笔记

那么，我们通过访谈得到的信息，接下来该如何利用起来呢?

首先，要将访谈得到的重要信息全部都用笔记录下来。不然的话，我们可能只会记住关心的部分，而其他的内容会渐渐忘记。

另外，一般来说人们都会倾向于选择听自己满意的意见，对于严苛的意见或者自己不满意的意见会充耳不闻或者有限度地接收。

这些都算是人类很自然的防卫反应，而以详细的笔记为基础才能实现客观的思考。常常有些一开始并不觉得重要的信息，在我们的理解加深之后再重新审视时，才会理解其所含的重要意义。

在与营业员对话之后，KENTA君该如何记录他所获得的信息呢？可以像图表38那样，先按照回答的顺序排列，将对话中的要点一一列出。这张表格后面还会用到，所以最好先记住它。

图表38　KENTA君最初所做的访谈笔记

工作了五年的 营业员小樱	来店半年的 新人营业员桃子	店主自己的感受
-在店里工作有五年的时间了。 -有些熟客不再来了。 -有的顾客进店后什么也没买就走了。 -以前顾客中意的产品现在停售了。 -没有顾客想买的面包。 -为何停售季节性的水果面包? -点心面包的种类减少了，摆放的位置也变了，广告宣传也不做了。 -只是陈列一些普通的夹菜面包。 -男性顾客只在白天来购买面包。 -女性顾客不分时间段来购买面包。 -在面包房工作是桃子的梦想。 -桃子不善与人沟通。 -最近超市推出了现做现卖的面包柜台，夹菜面包的种类也很丰富，价格比本店还便宜（但没有本店的好吃）。 -前任梅代小姐很受顾客欢迎，她离职后有不少熟客表示遗憾。 -自己也想与顾客建立良好的关系，但是很难。	-在店里工作才半年的时间。 -对于进店后什么也没买的顾客，觉得可能是招待不周。 -没有购物的人，其实也是把店里的面包都看了一遍以后才离开的。 -听到顾客抱怨点心面包的种类减少了。 -认为招牌产品不够显眼。 -一天只补充两次面包稍显冷清。 -如果推出现做现卖的面包，会更容易向顾客推荐。 -特别喜欢吃面包，做点心也很拿手。 -孩童时代就是本店的顾客。 -怕生，易紧张，给人感觉不爱说话。 -本店的面包刚出炉时，味道特别好。 -将来也想开一家面包房。 -待客接物方面还有很多要学习的，另外也想帮忙制作面包。 -男性顾客增多是因为夹菜面包的缘故。 -女性顾客倒是很少购买夹菜面包。 -对于喜欢甜味面包的人来说，可选择的空间变小了，期待感也减弱了。 -可以理解为了制作更多的夹菜面包，不得不减少丹麦面包的数量。 -男性顾客一般都会买两三个夹菜面包，但如果再购买饮料的话，总价会比超市还贵。	-为制作季节性的水果面包，在采购水果方面很耗费时间。 -夹菜面包能热销这就足够了。 -白天来购买夹菜面包的全都是男性顾客。 -虽然增加了夹菜面包，但并没有使整体的可选项变多。 -以前的顾客，主要是以喜欢水果丹麦面包为主的群体，当主打产品换成夹菜面包之后，对他们来说，也就没有想买的面包了。 -本店夹菜面包的价格比点心面包和法式面包还便宜。 -也许是时候认真思考面包的种类与定价了。

POINT　将从访谈中获得的信息，先按照提问的顺序依次写下来。

事先做好提问列表

以与营业员的访谈为例，店主KENTA君是用开放式的问题开始的，为什么要这样呢？因为这样可以让对方更好地说出自己的意见。而且很多问题也是针对两位员工的回答提出的，这样才能让整个对话流畅地进行下去。

但是实际我们去访谈时，可能怎么也做不到这一点吧。当对方怎么都表达不出自己的意见时，该怎么办呢？或者反过来，对方如果是个特别能说的人，结果渐渐说跑题的时候，又该怎样才能让他回到我们所提的问题上来呢？

为了提出高质量的问题，事前的准备功课是不可少的。在进行访谈前，先在纸上写出自己想要了解的内容，将其作为提问的项目整理成一个提问列表，这样才能提高访谈的效果。

关于提问项目，可以先想好一个大的项目，然后在其下写出具体的示例。

订立大的项目

比如说，如果要对顾客进行提问，该确定哪些大的项目呢？

如果是面包房的话，首先关于“提问对象的属性”应该是要问到吧。其次，是我们之前也提到过的“选择来本店的理由”。第三点的话应该是“与其他的人气商店相比，还有什么不足之处”。

具体的提问项目

决定好大的项目之后，就要针对各个项目再确定具体的提问项目，并像前例那样记下来。特别关注的项目，则可以写得尽可能详细一些。如果还有一些类似“如果不是这样的话”的假设内容，也最好写下来。

如果一开始很难想出大的项目，可以尝试之前绘制价值链时所用的方法，即先将我们能想到的具体的项目都列出来，然后找出其中的共通之处，并抽象提炼出大的项目。

有时，虽然有具体的提问项目，但因为是开放式的问题而对方却迟迟说不到点子上时，可以向对方抛出“除了我们店外还去过哪家店呢”这样的回答范围较窄的问题。

重要的是与对方的对话本身

提问列表可以是我们访谈失去方向时的一个依据。但实际上，在访谈的过程中可能还是会经常地去看，其实要知道这个列表只是用来帮助确认自己想要问的内容，并在自己的头脑中预先想好提问思路的一个参照而已。

提问列表可以用来防止遗漏某些提问，但是不能告诉我们该如何应对对方给出的回答。所以，千万不能完全依照提问列表中的问题来进行提问，否则这会妨碍到对方表达的逻辑连贯性。

不能只看提问列表，而是要时常观察对方的表情，同时也要认真听取对方所说的内容，认真地对待每次对话。完全不考虑接下来的问题，而是依赖于提问列表的话，乍一看好像是在流畅地对话，但其实反而有影响对话的危险性。

明确访谈目的

为了不让提问列表影响到对话的质量，可以在列表的最上方，明确地标注出这次访谈的目的。只有正确的目的，才能引导出正确的问题，所以当你感到困惑时，可以让问题都重新集中到最初的目的上来。

而“目的”该以什么样的方式表述出来也很重要，就以KENTA面包房为例吧。

“想了解怎样做才能提升业绩”这样的写法就不正确。因为这是一个“以自我为中心”的目的，必然会引导出“怎样才能让我们店里的面包卖得更好？”这样“以自我为中心”的提问，最终会让对方产生“什么啊，弄了半天原来只是想多卖面包啊”这样的失望情绪。

图表39　能提高访谈效果的提问列表

目的：为了能让顾客来店购买面包，同时也能心情愉快，我们该怎么做呢？

大项目	想要提问的内容
自我介绍以及说明目的	为了能成为本地区深受大家喜爱的商店，今天非常荣幸能够对经常光顾本店的顾客进行访谈，希望通过这样的方式，了解大家对本店的意见以及本店仍需改善的地方。
对方的属性	–姓名、性别、年龄 –通常多久吃一次面包 –喜欢的面包种类，不喜欢的面包种类
选择来本店的理由	–通常什么时候来店购物 –多久来一次本店 –知道本店的契机 –前来购物的理由 –中意的面包 –对本店的印象
与其他人气商店相比，还有什么不足之处	–有没有去过其他的商店 –与本店相比其好在哪里 –本店还有哪些地方需要改善

如果有一些假设性的提问，也可以提前写下来

POINT　写出一个大致的流程后，再就所关心的内容写出问题的列表。与对方的对话本身才是最重要的，这张列表只是为了防止有遗漏的问题而准备的。

那么，到底什么样的“目的”才正确呢？答案就是“为了能够让顾客来店购买面包，同时也能心情愉快，我们该怎么做呢”。

从顾客的角度出发进行思考，才能让我们真正了解顾客的需求是什么，顾客会对什么感到满意。最终如果能让顾客都很开心地来店里购物，业绩必然也会得到提升。这一点非常重要，请务必牢记。

当我们向店员进行提问时，也是同样的道理。要以“如何才能提高顾客的满意度，并使其最终在店里消费购物？为了成为让顾客喜爱的商店，我们还需要做哪些改进”为目的才行。

考虑对方的利益从而获得信赖

大家回忆一下，在对营业员进行提问时，店主KENTA君是像下面这样开始话题的。

“非常感谢大家一直以来为店里努力地工作。……今天特地想要听一听二位的一些想法，也是为了能改善我们的工作环境。还请大家多多指教。”

能够在一开头就说“为了改善工作环境”，真的是非常好的提法。一方面考虑到如果营业员自己都得不到满足，怎么可能让顾客也得到满足呢；另一方面也是让两人明白“并非是想要对自己的工作进行评价”，能够明确这次访谈的目的性。

一旦误解了提问的目的，就会失去信赖感，让回答变成了走形式，所以要加以注意哦。

特别要说的一点是，如果不是像“店主与店员”这样的关系，例如对初次见面的人进行访谈时，一开始的自我介绍以及对访谈目的的说明，就具有非常重要的意义。要在提问列表中设定“自我介绍以及说明目的”这一项，以保证对话能够顺利进行下去。

无论是客户、自己公司的员工，还是有相关利益的企业负责人，这些受访者都无一例外是“有感知能力的人”。因此，对于我们的提问，他们都能感知到是只关心“自己的利益”还是也考虑到了“对方的利益”。

不要以为靠一些小聪明就能瞒过对方，要想实现成功的访谈，就必须要“时常想着对方的利益”来获得信赖感，除此之外别无他法。对方是花费了宝贵的时间来接受我们采访的，所以也别忘了要向对方报以感谢的心情。

19 提高访谈效果的记录方法

采用“两人一组”的形式

做好提问列表之后，接下来要注意做笔记的方法了。如果是独自一人去进行访谈的话，就不得不一边提问一边将对方说的内容记录下来，还要想着接下来提问的内容，可谓“一人分饰三角”。

这样一来让访谈的难度就变得太高了，如果可以的话也可采用录音记录的方式，不过即使事先已经向其保证过录音的内容绝不外传，还是有很多的受访者会比较介意。另外，也有的人是想着反正已经录音了，面对被问到的问题就会说起来没个完。

我们建议大家在进行访谈时，可以采用“两人一组”的形式，即一个人负责提问，另一个人在负责用电脑打字记录的同时，基于“提问中是否有遗漏”的考虑，也可进行追加提问。

正因为非常重视访谈的过程，这个方法至今为止还没收到过差评。

毫无取舍地忠实记录

一般做记录时，就是将自己的提问与对方的回答，按照时间顺序依次列出来，也就是在笔记本上从上至下地进行记录。最多也就是像图表38中那样，按照不同的提问对象进行分别记录。

这里需要特别提醒的一点就是，对于对方的观点不要进行任何的取舍，应该尽可能忠实地记录下对方的表述内容。

访谈的新手或者自我意识较强的人，往往会不自觉地将对方的观点分为“重要的”与“不重要的”，然后，只记录那些自己认为是重要的内容。但是，这样过于简要的记录，让之后重新审读时难以真实了解受访者的语气，甚至有产生误解的危险性。

例如，对于桃子的发言内容“随着夹菜面包种类的增加，如果不相应地减少丹麦面包的种类的话，那肯定做不过来了”，如果店主KENTA君记录成“因为夹菜面包增加了所以不得不减少丹麦面包的种类”，你觉得怎么样呢?

这样就无法体会到原话中肯定的语气了，与桃子的真实想法之间产生了差距。因此，我们在做记录时，重要的是要在访谈之后，也能体会到受访者当时发言的“真意”。

按照回答的顺序标上序号

分条目进行记录时，顺序也很重要。

我们之前已经说过了，对于笼统的问题，首先给出的答案往往也是“对方最关心的事情”。所以，可以在最初的答案上标记序号①。接下来，对于追问后给出的答案再标上序号②，这样逻辑就更清晰了。

按价值链的流程整理答案

当难以采用“两人一组”的访谈形式时，可以在做笔记的方法上多下功夫。

我们重新审读以时间顺序记录的访谈内容时，常常会感叹：“唉，关于这个观点，当时要是能跟进提问就好了。”正因为我们当时太过专注于做记录，而没有理解对方发言的含义，只是机械地在做笔记而已，所以才会发生这个问题。

还有一种情况，就是没有将对方的答案按照正确的理论顺序进行排列，这会让人感觉整个对话是东一句西一句。最后，整个头脑中也是混乱的状态，导致该问的没有问到，也没有充分理解对方的答案。

为了避免这种情况，在我们还不熟练之前，可以在手边摆上一张写有价值链内容的纸，弄清楚对方现在正在说的内容属于哪个流程环节之后再进行提问。

提前准备好整理表格

还可以再进一步，将想要问的内容以及对回答的预测等，都事先写到一张整理表格中。

在记录对方的意见时，直接将内容填入这张表格之中。这样一来，更容易理解“现在正在说的是哪个方面的内容”，对于遗漏的部分也会一目了然。

如果我们要以图表39中的提问列表来对顾客进行提问时，可以事先准备一张像图表40这样的整理表格。

图表40　根据提问列表制作的整理表格

大项目	中项目	具体的示例	观点/印象
对方的属性	属性	男·女 20岁、30岁、40岁、50岁、60岁以上 居民·上班族 单身、已婚、有孩子、没孩子、一家三口	
	与价值链有关的内容	与企业基础设施有关的内容	
选择本店的理由			
与其他的人气商店相比，还有哪些不足之处			

确定好对方的属性会更轻松

可以划分框架，这样更容易记录

POINT　事先准备好整理表格，才能让我们更清楚访谈的对象正在就哪方面发表意见，也能防止出现遗漏的问题。

图表41　为了加深理解，可以更有效地进行记录

	工作了五年的 营业员小樱	来店半年的 新人营业员桃子
关于顾客	-男性顾客只在白天来购买面包。 -女性顾客不分时间段来购买面包。	男性顾客一般都会买两三个夹菜面包，但如果再购买饮料的话，总价会比超市还贵。
关于竞争对手	-最近超市推出了现做现卖的面包柜台，夹菜面包的种类也很丰富，价格比本店还便宜（但没有本店的好吃）。	
关于本公司 / 关于价值链	-有些熟客不再来了。 -有的顾客进店后什么也没买就走了。 -以前顾客中意的产品现在停售了。 -没有顾客想买的面包。 -为何停售季节性的水果面包? -点心面包的种类减少了，摆放的位置也变了，广告宣传也不做了。 -只是陈列一些普通的夹菜面包。 -男性顾客增多是因为夹菜面包的缘故。 -女性顾客倒是很少购买夹菜面包。 -对于喜欢甜味面包的人来说，可选择的空间变小了，期待感也减弱了。 -可以理解为了制作更多的夹菜面包，不得不减少丹麦面包的数量。	-对于进店后什么也没买的顾客，觉得可能是招待不周。 -没有购物的人，其实也是把店里的面包都看了一遍以后才离开的。 -听到顾客抱怨点心面包的种类减少了。 -认为招牌产品不够显眼。 -一天只补充两次面包稍显冷清。 -如果推出现做现卖的面包，会更容易向顾客推荐。 -本店的面包刚出炉时，味道特别好。
关于本公司 / 关于企业基础设施	-在店里工作有五年的时间了。 -在面包房工作是桃子的梦想。 -桃子不善与人沟通。 -前任梅代小姐很受顾客欢迎，她离职后有不少熟客表示遗憾。 -自己也想与顾客建立良好的关系，但是很难。	-在店里工作才半年的时间。 -特别喜欢吃面包，做点心也很拿手。 -孩童时代就是本店的顾客。 -怕生，易紧张，给人感觉不爱说话。 -将来也想开一家面包房。 -待客接物方面还有很多要学习的，另外也想帮忙制作面包。
关于本公司 / 自己的想法	-以前的顾客，主要是以喜欢水果丹麦面包为主的群体，当主打产品换成夹菜面包之后，对他们来说，也就没有想买的面包了。 -也许是时候认真思考面包的种类与定价了。	

POINT　将访谈搜集到的答案，按照3C（顾客、竞争对手、本公司）、自己公司的价值链及基础设施进行分类整理。

从之前图表38的内容可以看出，其中有关于顾客的、关于竞争对手的，还有关于本公司的内容；而关于本公司的内容，也可以分为与价值链相关的、与基础设施相关的两大类。

所以，可将这些内容分别填入到事先准备好的整理表格（图表40）的对应栏目中，对于关注的要点也较容易进行分析研究。这样一来，就变成了改良版的访谈记录（图表41）。与最开始的访谈记录（图表38）相比，是不是更好懂了呢?

20 按照价值链的环节进行评价

将意见按不同的流程环节进行分类

下面我们尝试利用访谈得到的信息，来了解KENTA面包房的价值链中存在哪些问题。

将两名营业员的意见中与价值链有关的内容，写到图表34所绘制的价值链中。如果对顾客也进行过访谈，同样可以像这样将答案进行整理。

价值链的顺序依次是，最开始的“顾客的判定”，接着是“产品・商品的开发”“筹备・制作”“市场营销”“销售”“售后服务”等。然后，还有属于企业基础设施的“店铺管理”的内容。

可以像图表42这样，按照价值链的各个流程环节来分页记录，并按不同的受访者分别填写其意见内容，同时也要包括受访者的属性信息等。

在这个表格框架中填入访谈对象的意见内容，以此对得到的意见进行分类。

像“这里的面包有各种口味，很受年轻人的欢迎”这样的意见，应该归为“顾客的判定”这一类，即与目标顾客相关的信息。

图表42 用来整理意见的框架

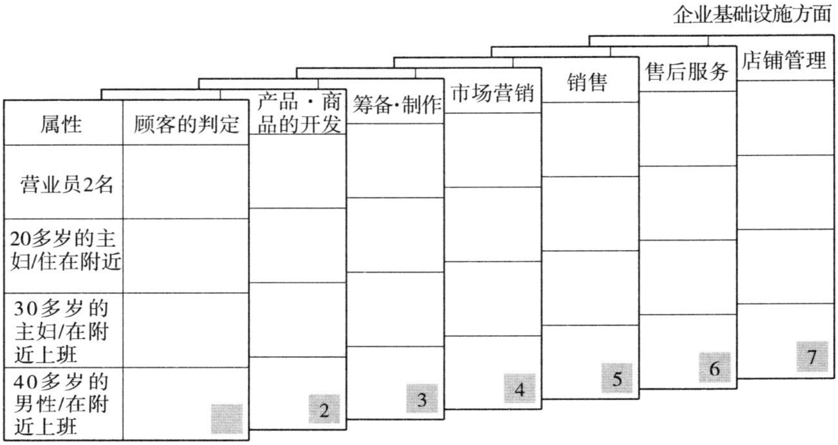

POINT 按照价值链的各个流程环节来分别做笔记，纵向上填入访谈对象的属性，包括性别、年龄、居住地等基本信息，“一直是本店的忠实顾客”，还是“只是偶尔来逛一逛”等附加信息也都要写上，这样才能让我们更好地理解其意见的含义。

像“要是再多一些能当主食的面包就好了，比如加入蔬菜与奶酪的面包等，最好是好吃量又足的那种”这样的意见，应写在“产品・商品的开发”一栏下。

像“还是现做现卖的面包最好吃，主打产品最好也能写上具体的出炉时间”这样的意见，就属于为影响到生产计划的“筹备・制作”类别。

而有关产品价格以及广告宣传方面的意见，则可以归为“市场营销”这一类中。有关面包的陈列和展示方式的意见、营业时间的意见等都可归为“销售”这一类。而像“是因为换人了吗，感觉现在接待顾客的营业员不爱说话，反应又慢”这样的意见，也可以纳入“销售”的类别中。

“能告知新产品的发售时间吗”“做完了调查问卷要是能送一个面包就好了”“会员的折扣不能再高些吗”等这些意见，则属于“售后服务”

的范畴。

虽然很少能从顾客那里听到有关“店铺管理”等基础设施方面的意见，但是营业员的回答中也许会有值得参考的内容。

如在KENTA面包房的案例中，营业员小樱和桃子就曾表示过“店内收银台的布局不太好”“如果换一个输入更方便的收银机效率会更高，也能更好地应对顾客的购物需求”等意见，这些都可归入“店铺管理”的范畴。

对于不知道该如何分类的意见，可以在其旁边标记一个问号“？”，以

图表43　按照价值链的流程环节进行分类

❶最初的答案（非常重要）
❷接下来的回答（也很重要）

企业基础设施方面

顾客的判定	产品·商品的开发	筹备·制作	市场营销	销售	售后服务	店铺管理
家住附近的20多岁的主妇的意见	要是再多一些能当主食的面包就好了，比如加入蔬菜与奶酪的面包等，最好是好吃量又足的那种。❶	还是现做现卖的面包最好吃，主打产品最好也能写上具体的出炉时间。	每次都买很多，价格要是能再便宜一些就更好了。有新产品的话，也要在主页上及时宣传啊。	是因为换人了吗？感觉现在接待顾客的营业员不爱说话反应又慢。❷	会员的折扣不能再高些吗？做完了调查问卷要是能送一个面包就好了。	
家住附近的30多岁的女性的意见						

POINT　**将每个受访者的意见按照价值链的流程环节进行分类，了解问题出在哪里。最开始给出的答案要标上①，第二个答案则标上②，像这样进行排序，才能体现出重要的程度。**

便之后再进行思考。在访谈时，为了流畅地记录下对方所说的内容，很少有进行思考的时间。这时可以根据自己的直觉来进行分类填写，当然也别忘了标记“？”哦。

通过开放式的问题所得到的对方最初的回答，要标记序号①，第二个回答则标记序号②（图表43）。

21 总结多数人意见的方法

不要掉入“对症疗法”的陷阱

当我们完成了对很多人的访谈后，该如何对得到的结果进行总结整理呢？

之前我们已经将提问过的所有对象按纵轴排列，并按价值链的流程环节分页进行了填写。将这些独立的部分摆到一起，就是一个价值链的完整流程。

接下来又该怎么办呢？当然，对于个别重要的意见可以单独对待，但如果我们对反馈的所有问题都一一进行改进的话，反而不是正确的做法。

并不是说顾客提出“要是也能在店内用餐就好了”的要求，我们就要马上投资进行改建。

也不能一被提意见“价格有点高”，就马上降价，这样并不能保证业绩上升。特别是价格一旦降下来，再想提上去就很难了，所以一定要慎之又慎。

总是想着实现各种顾客的各种愿望，那结果只能是失去了整体的统一性，反而有可能给业绩带来不好的影响。像这样，每个意见都一一应对去解决，就是掉进了所谓“对症疗法”的陷阱里了。

按纵向的流程来发现问题点

不是对每一个意见都想着一一去解决，而是要从中思考出真正本质性的内容，这才是正确利用了访谈的结果。我们再次回到图表43的内容上来。

之前，我们已经按照横向的流程了解了每个人的意见，那么这次，我们以纵向的方式，对价值链各环节中的意见进行分析，以文字的形式写下他们所表述的内容。将每个人的意见进行要点概括，并以各个流程环节为单位进行总结。

在以纵向的流程总结意见时，对象的属性也是必须要注意的地方。特别是顾客的意见，随着访谈对象的增加，会搜集到各种属性的顾客的意见。

不同属性的顾客，其需求也是不同的，自然提出的意见也各不相同，可以分为几个群体。如20多岁的群体与50岁以上的群体的意见，肯定是有很大差异的，所以可将顾客分为两大类，分别对各自的意见进行总结。

总之，以纵向的视角，对所有受访者的意见进行总结时，也可以按照青年群体与壮年群体进行分类。因为这两个群体有差异，所以首先要分别对待，然后才是对整体的总结，等于整个工作多了一道工序。

对价值链各个环节的问题进行总结后，再按照整个流程排列起来，最终就能明白价值链上的问题，即我们为了提升销售额一直想要了解的“事业活动中到底哪里出了问题”。

最终的总结内容，一定要包含表格最下面关于顾客、开发、制造、市场营销、销售、售后服务以及关于基础设施的店铺管理等方面的“总

图表44　发现本质性问题的流程

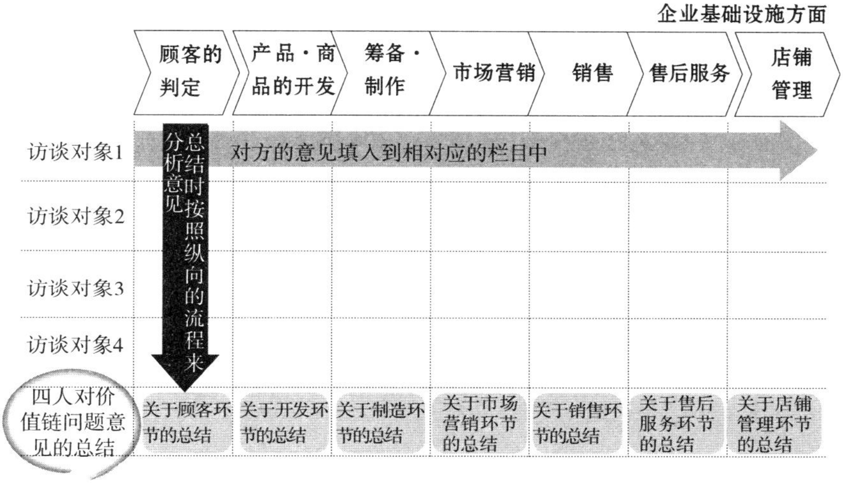

POINT　将每个受访者的意见按照价值链的流程环节进行分类，总结时则按照纵向来进行整理，这样更容易发现本质性的问题。

结内容”。

当以文字的形式总结完之后，还要再重新审读一遍。确认是否有太过理论化的内容，以及文字的表达是否准确，必要时也可能推翻重写，以保证易读易懂，并能启发解决问题的思路（图表44）。

以归纳法的思路进行总结

实际上，我们现在向大家介绍的“稍显复杂”的思考方式，其实也被称作“归纳法”，其指的就是从相近的事物中推导出法则与原理的方法。相反，根据法则及一般论推导出结论的方法，则叫作“演绎法”。二者常常会组合运用，相信大家应该也都听说过吧。

图表45 运用归纳法来总结信息

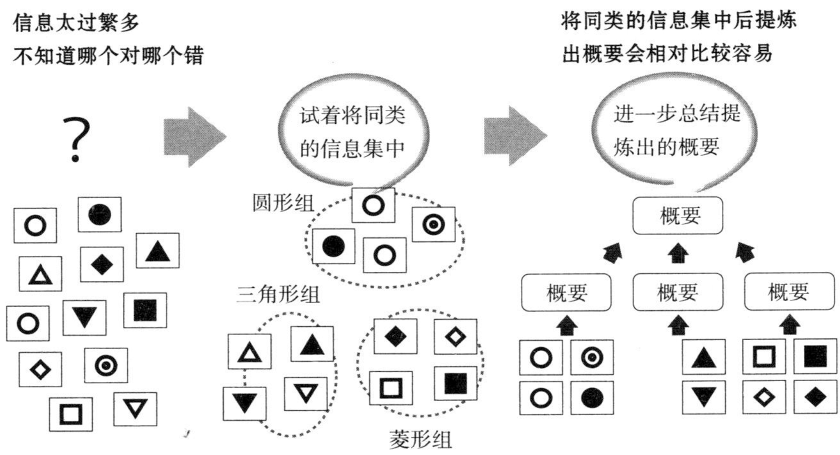

POINT 为了从许许多多的信息中总结出到底想表达的意思，可以运用归纳法，将类似的信息集中起来并提炼出概要，然后进一步进行总结。

我们必须要熟练掌握归纳法，因为这是解决问题必需的思考方式。大家务必要尝试挑战一下。

用来解决问题的归纳法，用一句话概括就是，“从许许多多的信息中，提取出相应的概要内容，并最终下定结论”（图表45）。

或者换句话说，从许许多多的信息中，找出“阻碍业绩提高的本质性的问题”。

这是非常重要的一件事，这里进行具体的说明。

“色彩浴（colorbath）”效应

如果面包房的店主觉得不管怎样增加面包的种类就是正确的选择，那么他就会有倾向性地听取顾客与其相近的意见，结果就变成“怎么样？跟我想的一样吧，果然还是应该增加产品的种类啊”。

这就是心理学上所说的“色彩浴”效应了，即基于自己所想的内容，带有倾向性地去搜集相关的信息。比方说，你今天的幸运色是红色，那么很自然地红色的东西都会主动地映入你眼帘。也就是说，人都会对自己所关心的内容保持敏感的反应。

例如，这里有通过访谈搜集到的四个意见。

——老年女性顾客：“希望能增加豆沙面包的种类。”

——年轻男性顾客：“如果面包的种类再丰富些就更好了。”

——30多岁的女性顾客：“今天别人托我购买了五种面包。”

——有家庭的男性顾客：“我们家每个人吃面包的口味都不同，每次都要买各种各样的面包。”

针对这四个人的意见，于是得出结论“必须增加面包的种类”，对不对？这其实就是之前所说的“对症疗法”的典型例子了。

也许借助消费者的新鲜劲，能让销售额有暂时的增长，但这也意味着开发成本、原材料的费用会增加，生产效率会降低，甚至产生存货等，有使成本变高的危险。

22 通过继续追问来了解重要内容

我们去掉先入为主的观念，再来重新审视一下前面这四个人的意见，他们真正想表达的是什么意思？确实，这些都是与面包种类相关的表述，但未必都是想要表达“希望能增加面包种类”的意思。何况增加了面包种类，也并不意味着销售额就一定会上升。

准确来说，他们想要表达的意思应该是“对于自己喜欢的面包，要是能有更多的选择就好了”。因此，面对这样的发言内容，接下来应该像如下这样追问，以了解其背后隐含的真实意图。

顾　客：“希望能增加豆沙面包的种类。”

提问者：“为什么这么认为呢？”

顾　客：“因为我喜欢吃豆沙，要是能每种面包里都有豆沙馅就好了。”

顾　客：“如果面包的种类再丰富些就更好了。”

提问者：“为什么这么想呢？还希望增加哪些种类？”

顾　客：“因为我很享受挑选面包的过程啊。我喜欢吃夹菜面包，所以希望能多些种类挑选。”

提问者：“哪种夹菜面包最合您口味？”

顾　客：“带油炸配菜的这一类。”

顾　客：“今天别人托我购买了五种面包。”

提问者：“为什么买了五种？因为平时就买很多面包吗？”

图表46　正确的归纳法与错误的归纳法

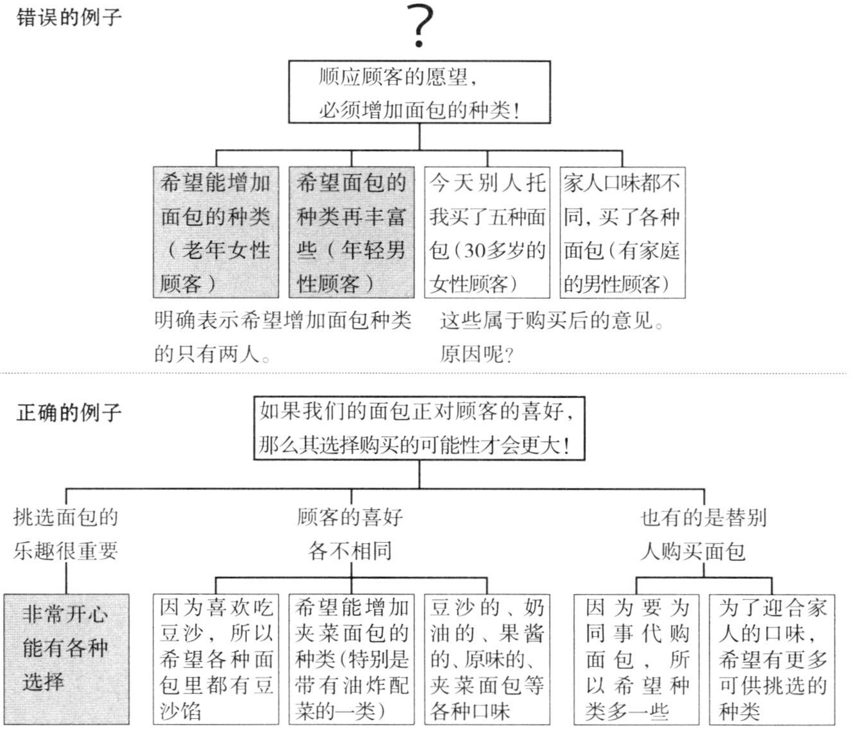

POINT　**我们往往会偏向于采纳能支撑自己想法的信息，但是只有通过归纳法进行正确的整理，才能更深刻地理解这些信息，甚至改变我们原有的结论。**

顾　客：“有时会跟公司里的其他三个女孩子一起吃面包当作早餐，今天正好轮到我来买了。”

顾　客：“我们家每个人吃面包的口味都不同，每次都要买各种各样的面包。”

提问者：“分别都是喜欢什么口味呢？”

顾　客：“豆沙的、奶油的、果酱的、原味的、夹菜面包，等等，口味都各不相同。”

所以你看，面对后续的提问，答案发生了很多变化，因此，最重要的是通过不断地追问，了解到真正重要的内容。

从上述追问后获得的答案来看，并不能让我们得出“顾客希望能增加面包的种类”这样的结论，而是“如果我们的面包正对顾客的喜好，那么其选择购买的可能性才会更大”。

总之，在这个阶段，要给出具体的对策是比较困难的。千万不要运用错误的归纳方法，轻率地付诸行动（图表46）。

23 将意见与事实数据相结合思考对策

通过数据来把握事实情况

KENTA面包房在听取了营业员及顾客等各方的意见后，已经了解到产品的构成方面存在严重的问题，但是仅通过对这些意见的总结梳理，还是很难推导出一个明确的结论。

在我们做重要结论时，一定要基于对事实情况的完全把握。如果缺少了这一项，那么即使决定要增加丹麦面包的数量，但具体要增加多少，夹菜面包的种类又该做什么样的调整，对此都不可能有明确的结论。

那么，面对这些问题，我们还需要了解哪些数据呢？我们可以看到无论是营业员还是顾客，其回答中都有对“面包种类”的相关表述，因此，我们需要搜集有关面包种类的数据。

在分析数据时，和谁对比也是非常重要的。

在本案例中，首先要将店里的面包种类与其他商店的种类进行比较。可以去暗访几家有人气的竞争对手，调查他们的面包种类。

如果是地处很远的人气商店，那么彼此间的顾客群体可能也是不一样

图表47 梳理我们通过实际数据所了解到的内容

关于面包种类的思考

目前已经了解到的内容	之后还想了解的内容
根据事实掌握到的 –从市场整体来看，夹菜面包的比重在减少，而点心面包和丹麦面包的比重在增加 –本店的主打产品由点心面包转为夹菜面包 **通过访谈得到的重要意见** –女性顾客表示点心面包的种类太少了 –有的客人进店后什么也没有买 –如果面包正对顾客的喜好，那么其选择购买的可能性会更大 –以前常来的熟客现在也不来了	**关于面包的种类** –本店的面包种类与邻近面包房相比处于劣势 –特别是点心面包还差多少 **面包种类与销售额的关系** –面包种类与销售额之间存在关联吗 **关于目标顾客群** –本店的顾客按照性别、居民/上班族来划分，哪一类人最多 –这些顾客都会购买什么面包

POINT **将顾客的意见与目前所掌握到的事实相结合，只有基于事实的分析，才能加深我们的理解。**

的，所以最好能搜集邻近商店的数据。此外，还有一直以来面包种类的变化、数量的变化与销售额的关系等，也都要进行调查。

通过与邻近的两家人气商店进行对比，可以看出本店总体的种类和数量确实偏少，特别是点心面包的种类差距很大，反过来倒是夹菜面包的种类太多了（图表48）。

还有，通过与过去的比较，可以知道为增加夹菜面包的种类而削减点心面包的种类，这确实与销售额的下降存在关联。

除此之外，还需要了解哪些事实数据呢？对，就是为什么夹菜面包会一下子增加这么多？

店主KENTA君针对原因，做了以下说明：

“由于每周二都是店铺休息日，所以就利用这个时间去市中心的商业街，考察那里的面包房，确实生意都非常兴旺，特别是午餐时间夹菜

图表48　通过数据了解与竞争对手在产品种类上的差异

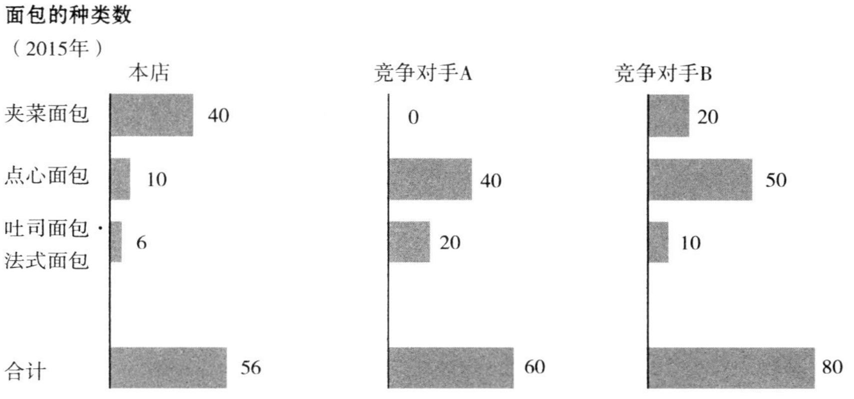

POINT　不仅总体的面包种类要比其他店少，需求较大的点心面包的种类实在太少了。

面包卖得非常好。刚好那段时间由于受到震灾的影响，本店的销售额一直在下降，单价较高的丹麦面包也总是卖不动，常常到最后就扔掉了，非常浪费，所以才决定把本店主打产品换成夹菜面包，同时增加其销售的种类。”

接下来，我们还要对来店里消费的顾客进行分析。要弄清楚购买点心面包的顾客与购买夹菜面包的顾客分别都是什么属性的群体，其人数是在增加还是在减少。

KENTA面包房的顾客数据就只有收银机中的记录而已，别说关于顾客的属性了，就是基本的分析工作都没有做过。只是在五年前，做过一次面向顾客的问卷调查，将那次的结果与最近进行的问卷调查结果进行对比，可以发现确实上班族所占的比重较大，并且一直在增加。

还有一点，虽然从商圈内人口变化的角度来说不是什么问题，但来店消费的女性居民的比重在减少。而这部分顾客也几乎不会购买现在的主打产

图表49　通过数据来分析顾客

不同属性顾客的占比变化

根据消费金额

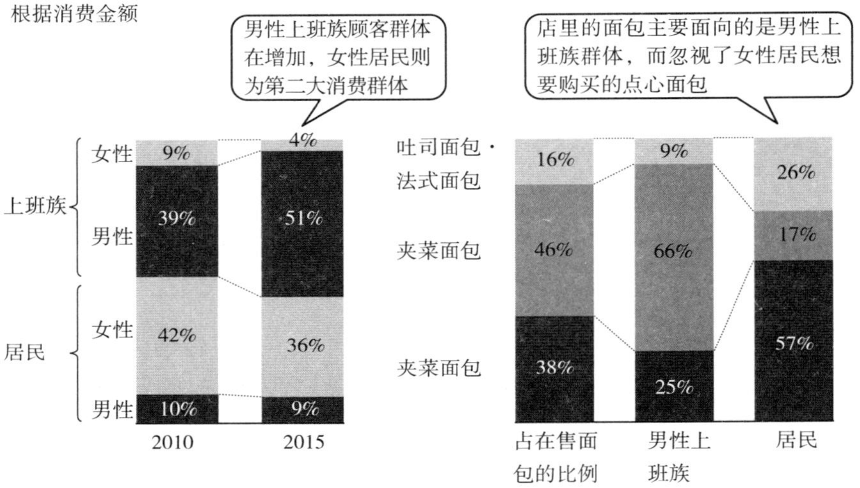

POINT　主要的顾客是男性上班族群体，其所占的比重还在增加。男性上班族主要购买夹菜面包，而第二多的女性居民群体则主要购买点心面包，不同属性的顾客其购买行为存在较大的差异。

品——夹菜面包（图表49）。

另外，与“销售”环节相关的待客服务也出现了问题。在与顾客的访谈中，往往第二个回答都是关于这方面的内容，可见其在顾客心中的重要性。对问卷调查的结果进行更详细的分析可以看出，与5年前相比，“好”的评价所占的比例大幅下降，“不好”的比例却在增加。也就是说，在待客接物方面存在较大的问题（图表50）。

而这些问题点的对立面，就可以看作是我们解决问题的方向。也可以这样说，这是我们为了提升销售额，而在开发与销售环节中找出的解决问题的“路标”。

当然，找到了解决问题的方向，并不意味着就能付诸实践并取得显著的

图表50　通过关于待客服务的问卷调查结果来了解问题

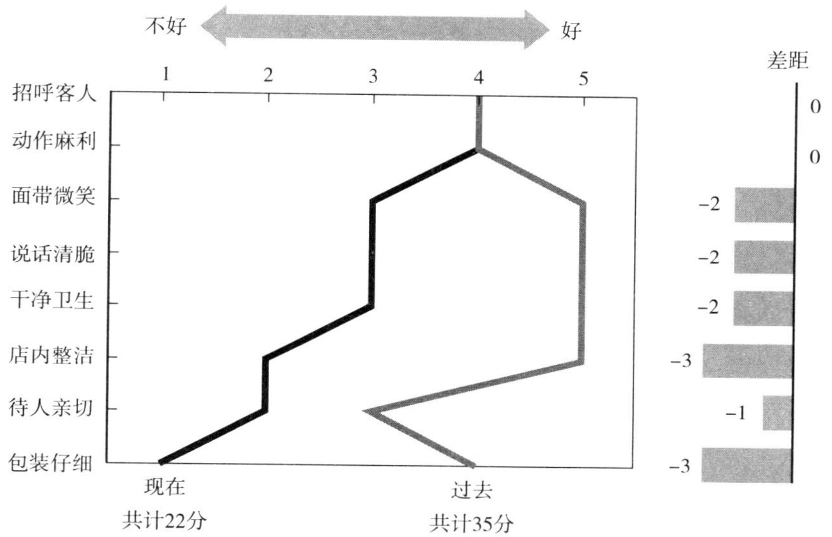

POINT　**由于前任营业员辞职以后又雇了新人，使得待客接物方面的满意度呈降低的倾向。店内整洁度的得分也较低。**

成果。只是能够针对价值链的强化，弄明白“该做什么”，其实就已经算是一大进步了。

关于如何具体去落实强化的对策，将在接下来的第四章中进行介绍。

图表51　KENTA面包房在价值链上出现的问题

价值链上的问题

从市场和商圈的潜在需求来看，面向女性顾客的点心面包·丹麦面包是很重要的产品，但是本店却偏重于应对男性上班族的午餐需求。夹菜面包的毛利润率过低给经营带来压力，为了削减人工费而进行了裁员措施，导致现场工作负荷增大，接待顾客的服务质量降低这样的一个恶性循环，问题可以说比较严重。

顾客的判定

虽然所在商圈中男性·女性·上班族·居民等顾客群体的分布较为平衡，但本店却只关注面向男性上班族群体午餐需求的夹菜面包。其结果就是，顾客群体中男性上班族与女性居民的比重发生了反转。

产品的开发

只关注夹菜面包的结果就是点心面包的开发与种类受到削弱，导致喜欢点心面包的这部分女性顾客流失了。明明点心面包·丹麦面包的市场在增长，但是却没有在这方面下功夫，反而是夹菜面包的增加带来了毛利润率低下的严重问题。

销售·待客

为了压缩人工费而减少了营业员的数量，但同时由于销售产品的增多，使营业员的工作负荷加重。另外，熟练的营业员离职，新来的营业员业务又不熟，导致顾客对服务的满意度降低。

POINT　找到了问题的“路标”（可能的根本性原因），就等于弄清了解决问题的方向。

这些问题点的对立面，就是我们解决问题的对策。

专栏4

注意排列的顺序

为了绘制出容易读懂的图表，我们也需要多考虑项目的“排列顺序”。

很多以管理为目的进行统计的公司内部数据，大都是以拼音字母的顺序或登记的顺序来排列的，这与我们从分析的角度所要求的排序又是不同的。而从互联网上搜索到的一些数据，可能是由于每个人对“顺序”的理解各不相同的缘故，往往并不会太在意排列的顺序。

注意图表的排序，让要表达的信息更明确

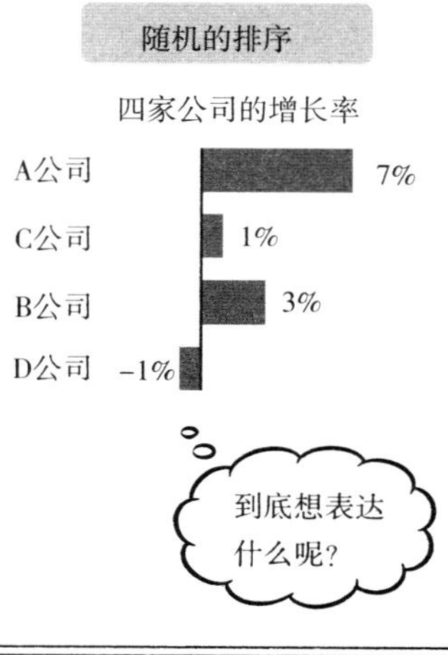

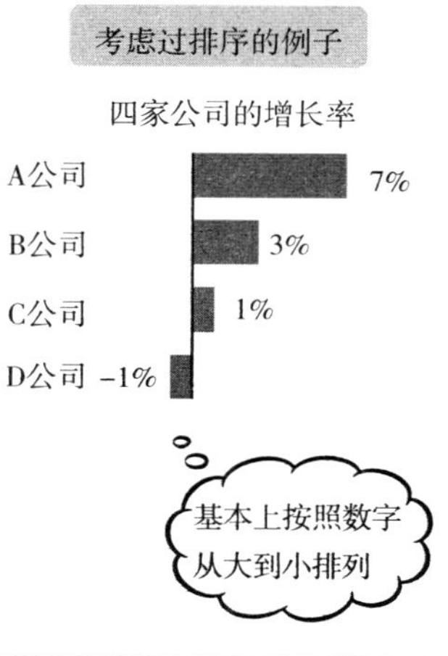

例如，我们要绘制一张对四家公司的增长率进行比较的图表。图表的左侧是完全随机的排列顺序，信息不够明确，这会让看图表的人不知道想表达什么意思。

而如果像右侧这样，按照数字由大至小排列的话，我们马上就能明白A公司的增长率最高，而D公司的增长率则最低，所以重要的是要能按照我们所想的顺序进行排列。

除了按照数值的大小进行排序的基本方式外，还可以按照各自项目的具体含义来排序。

可以用来排序的项目包括：时间、序列、构造这三大类（理论上还可以按照“演绎”的顺序进行排序，不过由于其并不用于数值图表

按照时间、序列、构造等进行排序

四家公司的增长率

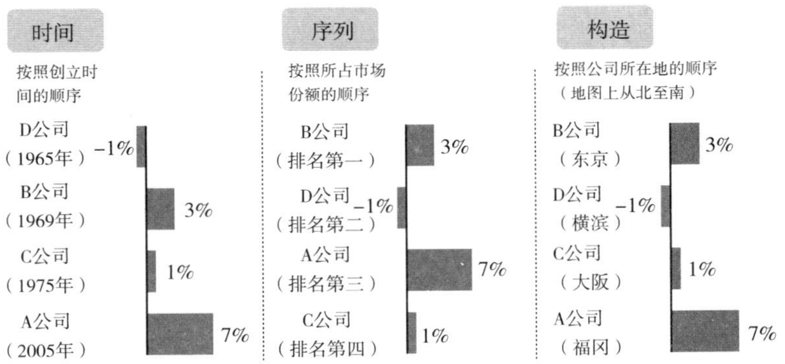

其他的排序依据	–过去现在未来	–价值链	–士农工商	–东南西北
	–春夏秋冬	–名次	–拼音首字母	–3C
	–早上中午晚上	–优、良、及格	–希腊字母	

的绘制，所以这里将其省略了）。如果这些项目中的数字具有某种意义的话，也可以按照这种顺序来进行排序。

例如，若以时间为顺序的话，可以将A公司～D公司按照创立的时间来排序，以此来分析创立时间与现在的增长率之间的关系，可以看出四家公司中成立时间最短的A公司，反而其增长率是最高的。

若以序列为顺序的话，可以按照市场份额的高低进行排序，可以看出所占市场份额最多的B公司，其增长率是排名第二。

若以构造为顺序的话，可以像示例中这样从北到南进行排序。虽然并不能清晰地读懂这张图表中所要表达的特别含义，但是对于要从地域分布的角度进行分析的人来说，肯定会有新的发现。

所以，千万不要忽视图表中项目的排列顺序，一定要充分考虑排序的问题，这样才能让我们绘制出的图表更容易被人读懂。

第四章

思考『基础设施』是否有问题

24 何谓“基础设施”？

基础设施是价值链的“地基”

在第三章中我们已经知道价值链是一个企业竞争力的源泉，是提升销售额的必要条件，了解其流程环节中出现的问题是一件非常重要的事情。

说到价值链，最为重要的是其原本的流程设计是否正确，内容是否具有

图表52 第四章中将学习和实践的内容

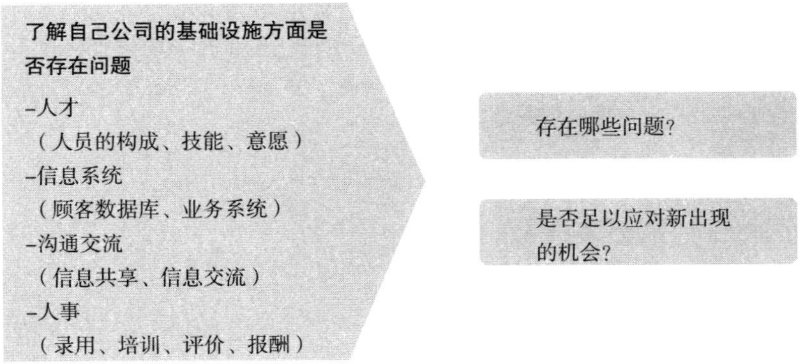

POINT 了解阻碍问题解决的基础设施方面的问题。

竞争力，各部分之间能否默契配合，等等。

不是只有与销售额直接相关的销售部门才需要对价值链负责，像开发产品的部门、生产部门（以尽可能低的成本进行生产，保证价格上的竞争力）、销售渠道（决定何种产品以何种价格进行销售）、市场营销部门（负责进行有效的广告宣传和促销等）、售后服务部门（为了留住回头客而努力提升服务）等等，这些价值链上各个环节的部门，全都应该被看作是能提升销售额的“事业部门”。

这里主要想告诉大家的是，任何企业或组织都是所有成员齐心协力构建起来的。所以，企业里面不是只存在“事业部门”，还有支持事业部门完成工作的“支援部门”。这些可以说都是在背后默默支撑的无名英雄。

其中包括了人事部门、会计部门、信息系统部门、总务部门、企划部门，等等。平时大家可能意识不到，但是这些支援部门对于企业的成长来

图表53　阻碍业绩提升的主要原因

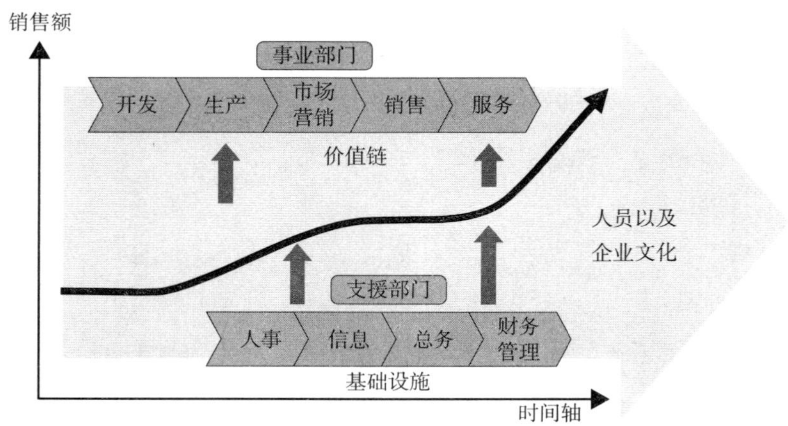

POINT　**理论上找出价值链上的问题后，分析思考出对策就能让销售额增长，但实际上要想获得成果，还必须要解决阻碍业绩提升的基础设施方面的问题。**

说，确实是不可或缺的。如果把事业部门称作“直接部门”的话，那么与之相对的，这些就应该叫作“间接部门”了。听起来好像不是那么重要，但实际上却是非常重要的哦。

除了上述的“间接部门”以外，能够给企业行为带来影响的部门或要素还有哪些呢？常会看到有企业的经营者在商业杂志上谈自己失败的经验，而其中像“缺乏危机感”“体制陈旧”等内容经常会被提起。这种不属于具体的部门，但是又的确会给业绩带来较大影响的“企业文化”，也可以说是价值链的“地基”（企业的基础设施）。

说到这里是否就已经网罗全部的内容了呢？别忘了还有重要的“人的问题”。往往越是身边的越容易被忽视。

说起“人的问题”，相信大家一定都会深有体会吧（笑）。即使交代了任务也啥都不做的人、连自己分内的工作都做不好的人、专门给别人工作帮倒忙的人、做事不果断犹犹豫豫的人……毫无疑问，“人的问题”从来都是企业家压力和烦恼的来源，也是必须要面对的一大课题。

“间接部门”“企业文化”以及“人的问题”，是价值链构建的基础设施，也会极大地影响企业的竞争力。

就像我们在第三章中看到的那样，为什么企业的价值链会出现问题呢？换句话说，原本可以提升业绩的“战略轴（价值链）”变得薄弱的原因何在？当我们去彻底地探究其原因时，往往会发现是企业的基础设施出现了问题。

我们说了解了价值链的问题就等于明白了解决问题的方向，但这也只限于“明白”的范畴而已。如果不解决与基础设施有关的问题，那么用于解决问题的对策就不可能取得真正的成效。

25 了解基础设施问题的两种方法

对显在的基础设施问题进行思考

为了了解基础设施方面存在的问题，我们可以运用两种方法。

第一种方法，是从对顾客和营业员的访谈内容中找出问题点。

例如，“部门之间无法做到信息共享，导致同一个工作有多个部门重复去做，效率很低”这样的意见，就是指出了显在的问题。与“销售员与顾客之间的交流时间不够”这样有关价值链的内容相比，大家应该可以看出二者的明显区别吧。

第二种方法，就是分析研究为什么价值链上会出现问题，通过对其原因的深究，从而找出基础设施方面的问题。不过，要做到这一点，需要进行充分的思考，否则容易忽视一些问题。

我们还是回到KENTA面包房的案例，来看看到底该如何了解基础设施方面的问题，以及怎样给出解决的对策。图表41与图表43的内容，就是到目前为止，店主通过访谈等手段所了解到的内容。在此基础上，我们按“显在的基础设施问题”以及“价值链的问题”进行重新分类整理。

图表54　了解基础设施方面问题的方法

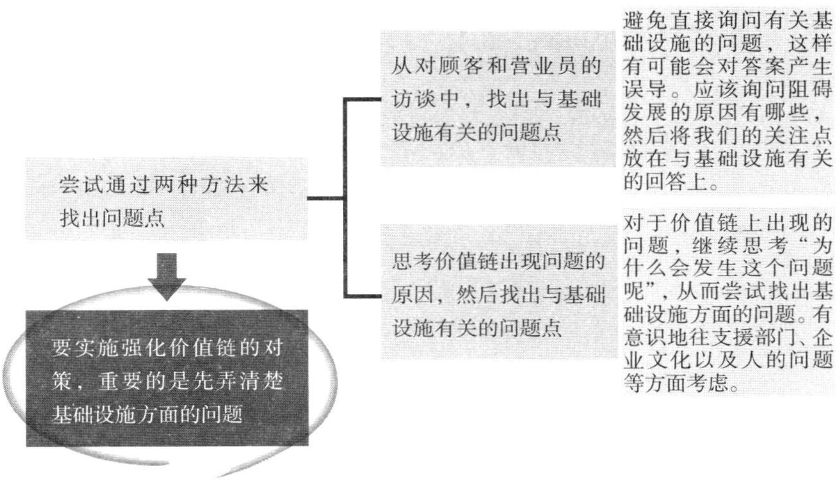

POINT　**要发现基础设施方面的问题，可以通过“从对顾客和营业员的访谈中找出直接与基础设施相关的意见”，或者是“对价值链问题原因进行深究”这两种途径。这两种方法都很重要。**

首先，请大家想一想，哪些意见是针对基础设施问题的？

当提问顾客“本店与您迄今为止去过的最好的店相比，有哪些差别呢”时，得到的是“那家店一进去就觉得整个氛围好好，摆在架子上的面包一个一个看起来就很好吃的样子”这样有趣的回答。

大家在去自己喜欢的商店时，是否也有过相同的感受呢？所谓“氛围”一词，其实包含很多方面的意思，不仅仅是指商品的摆放，也有可能是指与设备等相关的基础设施问题。

那么，KENTA面包房到底是哪方面出了问题呢？

分解“氛围”的含义

让我们来想想氛围都是由哪些方面构成的。店里的照明、背景音乐、摆放面包的货架、店内的布局以及营业员的服务，等等，都会对其产生影响。

大家还记得此前针对销售方面的问卷调查中，“店内的整洁程度”得分比以前降低了吧。实际上，这里的整洁度并非仅仅是卫生的问题，还会给整个店内的氛围产生负面的影响。

面包看起来是否很好吃，不仅仅取决于面包本身的造型和大小、现做现卖的招牌海报，包括店内的照明以及产品陈列的方式等也都会产生很大的影响。

店内布局与信息管理方面的问题

此外，还听到了哪些意见？营业员曾说，接待顾客的区域距离收银台的位置较远，比较不方便。这就是店内布局的问题了。

还有，“收银机太老不好用，也没有存储顾客信息的功能”，虽然属于设备的问题，但更重要的是，也反映出了面包店在信息管理方面存在的问题。

人事上的问题

同样还是营业员的意见，她表示在午餐时间段店内非常繁忙，希望能添加帮忙的人手。

另外，店主KENTA君在这次访谈中第一次了解到，桃子将来的梦想是想开一家面包房，而且为了实现这个梦想，想要学习面包的制作方法以及与店铺运营有关的知识。

但是由于桃子怕生的性格，不太擅长主动与客人交流，她自己也想要做出改变。这些有关桃子的信息，反映出店主平时只是一味地要求员工的工作效率，而忽视了对员工个人情况的了解，因此，可以说KENTA面包房也同样存在着人事上的问题。

图表55　显在的基础设施问题

KENTA面包房的问题现象

- 虽然对象市场在持续增长，但是KENTA面包房的竞争力却在下降，销售额也减少了。
- 以前的熟客也不来了，还有顾客进店后什么也没买就走了。

通过访谈了解到的信息	说起最喜欢的那家店，一进去就注意到氛围很好	那家店的面包，让人看起来就觉得很好吃的样子	接待顾客的区域与收银台的位置相距较远	收银机太旧不好用，而且也不带有分析顾客信息的功能	午餐时间段需要补充帮忙的人手	桃子的梦想是想开一家面包房，但是怕生的性格又让她不善与人交流
对于KENTA面包房的意义	店里的整体氛围存在问题	在让面包看起来很好吃方面没下功夫	工作环境没有充分考虑到位	连最低限度的基本信息都无法搜集	只考虑如何有效地利用现有的员工	缺少对员工的了解
	照明·音乐·货架·布局·卫生等方面的问题		店内布局的问题	信息管理的问题	人事上的问题	

POINT　**尝试整理显在的基础设施问题，了解在店内氛围的营造、布局、信息管理以及人事等方面存在的问题。**

将我们目前了解到的信息再次进行整理后可以知道，通过与顾客和营业员的访谈，明确了价值链上存在的问题，而由店内的照明、背景音乐、货架以及营业员的服务等构成的一系列方面，如店内氛围、店内布局、信息管理、人事也存在问题（图表55）。

26 从价值链的问题来分析基础设施

产品开发——没有考虑到顾客

价值链上的问题，往往都是与基础设施有关的问题。

我们已经知道，KENTA面包房在产品开发与销售等环节存在问题。那么，这其中有产品开发、销售相关的体制、文化、人事等基础设施方面的原因吗？或者在价值链的其他环节上，是否也有基础设施引起的问题呢？

关于产品开发方面，我们很容易就能注意到“没有主打的面包产品”“从点心面包换成了夹菜面包”等这些表面可见的问题。但是从图表51的总结来看，主要还是因为产品的种类设置与顾客的需求之间产生了错位导致的。

为什么会产生这样的“错位”呢？的确，店主利用休息日到市中心去考察了其他的面包房，发现那里的夹菜面包卖得很好，所以很期待自己的店也能有这样的业绩，因此决定将主打产品从点心面包换成了夹菜面包。

那么，为什么会想让自己的店也像市中心的面包房一样呢？当然，是想让面包卖得更好。但这里要问的是，为什么会有这样的想法呢？

恐怕还是缘于店主对于“自己的面包房所面对的顾客是谁”以及“这些群体对面包的需求是什么”等缺乏了解吧。从目前的结果来看，店主依据自己所关注的或自己的主观印象来得出判断，导致整个店铺的运营走错了方向。

虽然针对顾客的属性，通过五年前进行的问卷调查可能会有所了解，但是之后就没有再进行任何信息搜集的工作了。也就是说，KENTA面包房缺少对顾客数据进行搜集、分析并给出对策的运行机制。而这就是与基础设施相关的问题了。

制造——一直沿用旧的生产方式

与制造环节有关的意见又有哪些呢？主要有“希望能够了解面包出炉的时间”“希望每天多做几轮面包”“希望能增加现做现卖面包的数量”等。

本来，面包的制作就会根据是否周末或天气等原因而决定每次烘焙的数量，不同种类的面粉其发酵的时间也不一样，所以需要进行严格的管理。决定什么时候烘焙多少面包，听起来好像挺复杂，但实际上也并不是那么难的一件事。

那么，为什么没有这样做呢？之所以没敢挑战新的生产方式，可能是因为要适应提高后的生产频度，就不得不让原有的生产计划变得更复杂，同时又担心顾客的需求可能并没有那么多。

其实这种情况下，首先是要满足对“现做现卖”有需求的顾客，然后再制定出能够提高生产频度的新生产计划。

市场营销——没能及时应对顾客关心的内容

关于市场营销方面，我们看到有“希望能将新产品的信息发布在网站主页上”这样的意见。当然，广告宣传是肯定要做的，但为什么这也会成为一个问题点呢?

从顾客的角度来看，KENTA面包房的新产品有什么特点、店铺营业时间、每天面包出炉的时间、会员的特惠信息等等都是其想要了解的内容。

但是，如果这些信息没有为顾客及时准备好的话，就成了一个问题。

总之，KENTA面包房缺少一个像网站这样的媒介，可以第一时间提供顾客想要了解的内容。所以没能及时应对顾客关心的内容，这也属于基础设施方面的问题。

再来看看价格，有些意见表示“希望能把面包的分量减少，这样价格也会下来”，但也有的表示“只要品质够好，哪怕价格贵一点也没事”。那么，我们又该如何去理解这些内容呢?

当然，价格是一个很重要的问题，可KENTA面包房并不是因为涨价而导致销售额减少的，换句话说，也就是在价值链的这个环节上并没有发生严重的问题。不过，话虽这么说，但还是犯了没有依据本店面包的价值进行定价的错误。

从店主的角度来说，是依照自己所想的价值来进行定价的，这叫作“绝对评价”，但是作为顾客来说，肯定是要与其他店里的面包在价值和价格上进行比较的，所以这也叫“相对评价”。

所以，应该定期或在每个季度推出新产品时，去同一商圈内的其他店铺调查定价情况。没有做到这一点，就会带来问题。

销售——在人才培训方面不够用心

销售方面又有哪些意见呢？与销售相关的问题通常都位居第二，可见其重要性。有的顾客表示“营业员态度冷淡”，还有的表示“商品要很长时间才能递到自己手上”。

由于前任梅代小姐是非常受欢迎的营业员，所以怕生又不敢主动说话的桃子，相对就容易给人态度冷淡的印象。而且，营业员数量的减少，使得业务的负荷增加，虽然两人工作已经很努力了，但还是免不了让顾客久等。

很明显，这是会影响到销售额的价值链问题，但是为什么会放任这种情况不管呢？

由于店主一直忙自己的事情，而没有认真地与桃子聊过，关于营业员必需的思考方式、待客方法、说话技巧以及从下单到把产品交到顾客手中的这一系列流程，也都没有进行过说明与培训，所以这才是最大的问题。

而关于“现做现卖的面包太少”“招牌产品不够显眼”等意见，又该如何思考呢？

从制造的角度来说的话，之所以现做现卖的面包太少，是由于店主没有意识到其重要性。应该根据不同的时间段来分析来店顾客的信息，并控制好烘焙面包的时间与数量。

那么“招牌产品不够显眼”又是怎么一回事呢？必须要有一个招牌产品，而且要摆放在显著的位置，我想这一点店主应该也是知道的。那又为什么没有做好呢？可能因为忙于增加夹菜面包，所以稀里糊涂地还是继续沿用之前的做法吧。

售后服务——没有努力去了解顾客

最后，我们再来看看有关售后服务的意见。“希望会员的优惠折扣能再高些”“做完调查问卷能不能不是送积分，而是送一个面包呢”……

对此我们必须思考为什么顾客会有这样的意见。是顾客一时的“任性”之言，还是与其他店相比，KENTA面包房的服务水平确实较低?

虽然说不解决这些问题也不会导致顾客流失这样的严重后果，但也是一件很重要的事，因为这会让顾客认为这家店运营不善。

没有搜集顾客信息的确是不对的，但比这更糟的是，在认真分析了顾客的需求之后，却并没有将思考的结果反映到解决的对策中。认识到这一点具有非常深刻的意义。

图表56 通过对价值链问题的分析，来思考基础设施方面存在的问题

	产品·商品开发	筹备·制造	市场营销	销售	售后服务
现象	·虽然对象市场在持续增长，但是KENTA面包房的竞争力却在下降，销售额也减少了。 ·以前的熟客也不来了，还有顾客进店后什么也没买就走了。				
具体的问题	·希望能买到大分量的面包用来代替主食 ·顾客好像没有想买的面包 ·主打产品由点心面包换成了夹菜面包	·希望知道面包出炉的时间 ·每天烘焙面包的次数是不是少了	·希望能在网站主页上登载新产品的信息 ·需要减少分量以把价格降下来 ·只要质量好价格贵些也OK	·待客态度不好 ·反应速度慢 ·招牌产品不够突出 ·现做现卖的面包太少 ·梅代小姐之前的人气很高	·希望会员的折扣优惠更高些 ·对做调查问卷的客人送一个面包
为什么会出现问题？	产品的开发与顾客的需求之间产生了错位	会让制作计划变得复杂，同时也没有认识到重要性	不了解顾客真正关心的内容	一直沿用之前的做法	没有认识到会员服务的重要性
为什么？	一味地模仿市中心的面包房	提高制作面包的频度太麻烦	缺少信息更新以及了解顾客关注点的机制	缺少对员工的培训机制，以及从顾客角度出发的服务训练	不清楚顾客对会员服务有什么样的需求
为什么？	没有搜集和分析来店顾客的信息	没有倾听顾客的声音			

POINT 列出价值链上的问题，然后彻底思考为什么会产生这些问题。

27 聚焦“人的问题”

沟通不足的代价

之前我们已经注意到营业员方面的问题。顾客问卷调查的结果并不理想，除了业务量以及人员体制等问题外，桃子的业务技能也有问题。

其本人为了将来也能开一家面包房而努力工作着，但是怕生的性格使得不敢主动与人交流，反倒给顾客留下态度冷淡的印象。虽然她自己也已经意识到了这一点，但是实际上这已经是个问题了。

关于这一点还需要了解一些背景信息，于是我又去问了店主KENTA君。

我：从顾客的问卷调查结果上看，与前任营业员梅代小姐相比，在很多项目上，对桃子的评价都不太好啊，这是为什么呢？

店主：也许是因为顾客对前任梅代小姐的评价太高了吧，我觉得这不算是个问题。

我：那么，为什么前任收到的评价会这么好呢？

店主：她原本就是个头脑聪明、性格又好的人，我为了让她更努力工作，也会将自己对本店的想法、待客接物的心得教给她。再加上那时店里还没有这么忙的缘故吧，所以她一个人完全应付得过来。一开始还会收到客人的一些建议，很快客人对她的评价就变得越来越高了，完全可以放手交给她了。

我：　那又为什么会辞职呢？

店主：差不多半年前因为她丈夫工作调动的原因，所以我也是很快贴出了招聘启事，最后把桃子给招进店里来。虽然也有几个临时帮忙的兼职工，但是最近越来越难招人了。告诉你个秘密，碰到像梅代小姐这样的优秀人才的概率实在是太小了。

我：　作为店主你所理解的优秀的营业员，应该是怎样的人才呢？

店主：这个经常被问到。我觉得最重要的，还是能够向顾客推荐他最想吃的面包吧。由于我们店里的顾客中老年人较多，所以说话的方式和态度也非常重要。桃子本身的气质很好，也提醒过她要多注意措辞和态度，但好像也没什么改变。

我：　要推荐面包，就必须主动上前与顾客搭话，而且还要对本店的产品有全面的了解才行。所以说，这其实是一个很高难度的技能。另外，关于说话的方式和态度，也不是一句“再好一点”就能搞定的，真正实践起来还是很有难度的，需要进行示范与指导。

店主：嗯，确实是这样。因为前任做得很优秀，所以想着桃子应该也能做好，结果自己过于繁忙而忽视了沟通的次数与质量。

最近，从跟桃子的对话中才第一次知道，她的目标是开面包房，这真的很让我感动。而关于怕生的性格也是第一次了解到，真的是非常对不起。我想，今后我也会一如既往地教她如何克服这些问题。

店主的问题就是因为前任是很优秀的人，所以觉得现任也一定能做到。不但缺少了对员工的培训，与员工的沟通交流也没有了，这是更严重的问题。

这种沟通交流上的问题，在很多大企业中也很常见。大家在思考自己公司的问题时，别忘了考虑这一点。

通过对各个方面的分析，我们可以像图表57这样，整理出KENTA面包房在基础设施方面存在的问题。

KENTA面包房由于规模不大，所以还没有发生很严重的“人的问

图表57　总结基础设施方面的问题

POINT　以顾客为中心的意识、培训员工的意识都很淡薄，这才是导致问题的根本原因，所以才导致了员工培训以及了解顾客的相关机制缺失、不注意改善影响店内氛围的各种因素等这些问题。

题”，但是对于一个企业来说，“人的问题”往往也是最深刻的问题。

能够提升业绩的部门或公司，都是由“人”组成的。部门或公司出了问题，归根结底还是“人”的问题。而“人的问题”一旦严重化，改善起来将会非常难，因此一定要防患于未然。

KENTA面包房的营业员桃子，没有得到顾客的好评，她自己在接待顾客的过程中也是能够感受到的。加上一直以来店主与其沟通不足，很可能最后导致她辞职。所以，必须要认真思考对策。

专栏5

尝试对项目进行概括

对于自由回答的调查问卷、对店方的希望与投诉，等等，这些搜集到的数据往往在项目、数量上都很多。

如果是以数量的多少来进行排序的话，可以看到最多的是说“等待的时间太长”，其次是“希望能预先告知等待的时间”，第三位的则是“停车场太小”，像这样所有项目看起来都只是一种随

对项目进行概括，使要表达的信息更加明确

顾客对拉面店的投诉意见

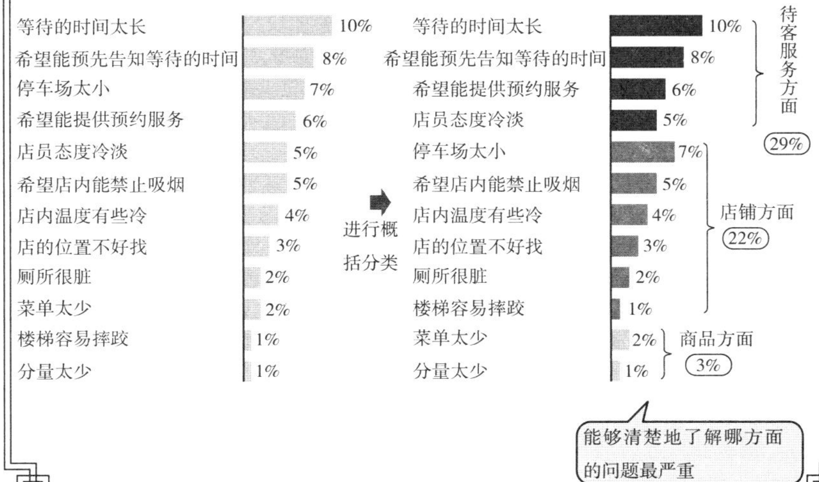

机的排列。

当我们想从整体来分析图表中的问题时，就会感觉难以理解。这种情况，我们可以尝试对项目进行概括分类，这能让所要表达的意思变得清晰起来。

所谓“概括”，就是从多数信息中，找出共通的项目来进行分类整理的方式。

比如，对拉面店的投诉有12项，那么我们可以将其按照待客服务、与店铺有关、与商品有关这三个领域来进行概括。

首先分成这三大块之后，再按照数量由多到少排列，我们就可以看出最多的是关于待客服务方面的投诉。然后，我们可以就这一块中的内容，挨个进行分析思考，为什么待客服务做得不够好？是哪里出了问题？这样就让我们从关注点转换到了对问题的深度思考。

专栏6

使用辅助线

在我们绘制图表时，还可以通过添加辅助线的方式，来让表达的意思更明确。

首先，是用于比较的辅助线形式。数值需要经过比较才能知道其中的含义。例如，比较A公司～D公司的增长率时，居首位的A公司其增长率是第二名的B公司的2.5倍，所以这部分可以用一个双箭头图形表示出2.5倍的字样，以示强调。

另外，不单可以比较这四家公司的数据大小，还可以将其与业内

添加辅助线，使要表达的信息更加明确

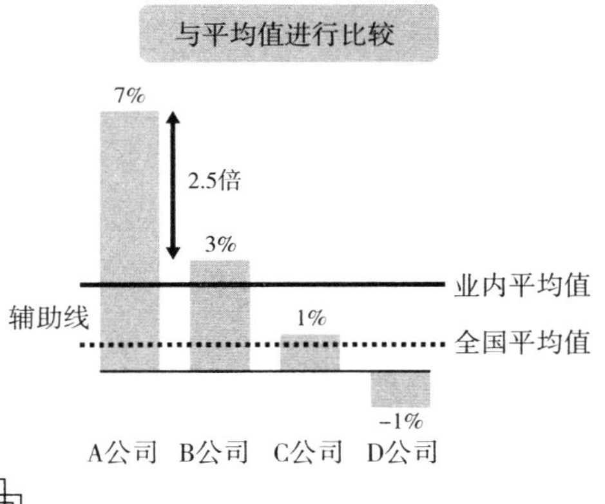

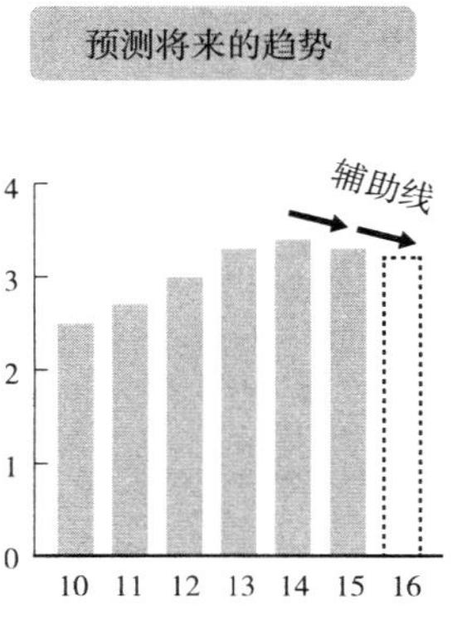

的平均值、国内全行业的平均值进行比较，这能让我们以一个全局的视野，来了解其增长的水平是高还是低。

在分析本公司的生产效率或产品收益性的时候，也可以将业内的数字以辅助线的形式加进来，这样可以避免我们只局限于自己公司的数值变化，从而进行更为深刻的分析。

另一种，是用于预测将来情况的辅助线形式。主要是根据之前的趋势，来模拟表示出紧接之后的数字会如何变化。比如说，此前一直增长的销售额开始出现下降时，表示对接下来的这一年会是什么情况的预测，这也会给企业的决策产生较大的影响。

将预测值放到图表中，能增加信息的重要性。如果有多种可能，那就将最好的与最坏的，以及可能性最高的这几种情况，分别用辅助线表示出来，这样能传递更多的信息。

一旦你学会了运用辅助线来明确表达意思，也就意味着你掌握了高阶的图表绘制技巧。如果下次对图表的内容有疑问时，试着用辅助线的形式表现出来吧。

第五章

弄清问题的本质，给出解决方法

28 梳理存在的问题

有了问题的“路标”后再向前推进

终于，我们来到了“解决方法”这一章了。各位读者能读到这里实在是很了不起。

本书所设定的目标读者，是从来没有系统学习过解决问题的人。所以，书中很多内容可能都是第一次见到，不过大家没有中途放弃而是坚持学习下来，真的是非常非常地了不起呀。

图表58 第五章中将学习和实践的内容

尝试给出解决的方法

- 重新梳理问题点
- 考虑提升销售额的对策
- 给出具体的点子
- 为了实现目标，思考基础设施方面的对策

→ 该怎样解决问题呢？

POINT 重新梳理目前已掌握的问题点，找出解决问题的方向。

我们之前说过，对于非专业的人来说，能够找到问题的“路标”就足够了。但是话又说回来，即使我们找出了本质性的问题并且也知道了解决问题的方向，如果不付诸实践的话，就等于是白白浪费了我们之前付出的那么多时间。

既然好不容易学到了这里，还是希望大家能够继续学会如何思考解决的对策，并积极地运用到自己公司或部门的实际问题中。

这里，我们再来简单回顾一下到目前为止我们所做的工作吧。一开始，我们通过销售额和市场份额的变化以及收益性和生产效率的变化，来了解本公司的业绩是否出现了严重的问题。

我们也应注意根据需解决的问题的难易程度，来调整自己的心态以及投入的精力。这就好像当面对一个不得不去跨越的障碍时，我们必须事先了解其到底有多高，然后再调整好自己的助跑距离、起跑速度和步调。

如果自己公司的业绩顺风顺水，可能就不会感觉用图表来发现问题的重要性。当然，只需要继续乘胜追击，努力确保更多的利润就好了。但是，当业绩不能按我们所预期的那样增长时，就必须要好好思考其背后的原因了。

对问题的了解，可以先从对顾客和公司员工的访谈开始。选择合适的提问对象，并从笼统性的问题开始问起，引导对方就重要的问题发表意见。

继续深究问题，会发现大多是与价值链、基础设施以及人员相关的问题，因此，我们可以用框架的形式来进行整理。

了解了问题点之后，再将有共通项的信息进行概括分类。这样一来，就找出了妨碍业绩提升的问题点。相信大家都已经能做到这一步了吧。

改变意识让自己离成功更近一步

我们仍然以KENTA面包房为例。KENTA面包房的业绩出现了销售额下降、市场份额减少以及收益性恶化等问题。

因为其所处的对象市场正在增长中，所以绝对不是因为遭遇了恶劣的市场环境，而是由于更换主打产品才导致了这个结果，新顾客不能完全填补老顾客流失造成的空当，所以销售额才迟迟不能回升。同时，对于“支撑起本店销售额的消费者到底是什么样的群体”也缺少相应的了解。

另外，换成单价较低的主打产品后，不得不因此削减人工费，导致营业员的工作负荷增大，接待顾客的服务水平不断下降。老员工辞职后虽紧急招

图表59　从价值链、基础设施、人员三方面来梳理问题点

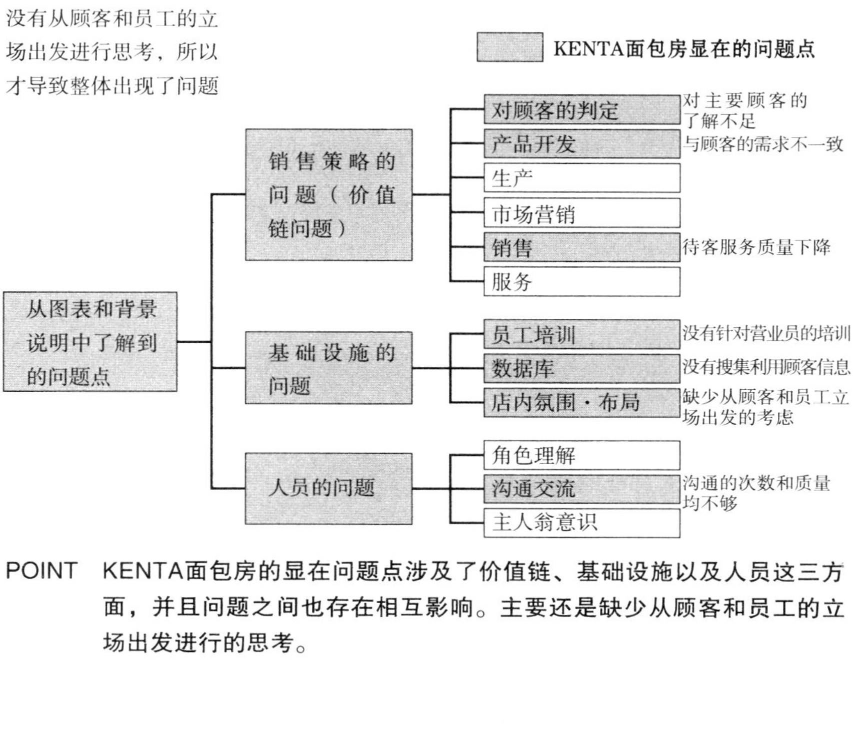

POINT　KENTA面包房的显在问题点涉及了价值链、基础设施以及人员这三方面，并且问题之间也存在相互影响。主要还是缺少从顾客和员工的立场出发进行的思考。

聘了新员工，但是服务质量也降低不少，甚至招来顾客的不满。

服务水平的下降，也许有新员工的个人问题，但店主认为完全可以放手的惯性思维以及对员工的培训、交流沟通不足，才是真正主要的原因。

总之，业绩恶化的背后，是价值链、基础设施以及人员方面的问题。而且这几方还会互相影响。

那么，这种情况下，到底该怎样思考解决之道呢？又该如何付诸实践呢？

首先，必须要改变的就是“意识”。我们必须弄清楚这两个基本问题：该怎样做才能让顾客满意，该怎样做才能让员工心满意足地工作？不仅作为店主需要有这种意识，全体员工也都必须要有这样的意识。

图表60 事业成功的秘密

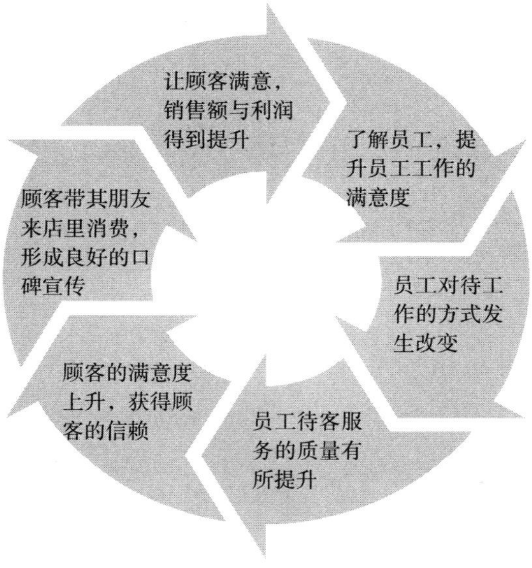

POINT **不能把提升销售额和利润本身当作目的，只有让顾客感到满意，才能获得相应的回报。要想提高顾客的满意度，先提高员工对工作的满意度是必不可少的。**

并不是说卖力地喊喊口号，就能让我们拥有这样的意识，而是要以简单易懂的语言表述出对顾客、对工作应有的态度，并张贴在员工都能看见的显著位置，也可以制作成小的宣传册发给全体员工。

之后就是对其的实践了。通过在每天的工作中加以实践，才能慢慢内化为我们自身的意识。

让顾客满意，才能增加新的顾客，这样业绩才能提升；而员工的满足度上升的话，对待工作的方式也会发生改变，反过来也能提升顾客的满意度——这样就是一个良性的循环，可以让我们保持成功的状态。这对于任何一家公司来说，都是相同的道理（图表60）。

29 思考解决之道

解决价值链上的问题

接下来，关于价值链、基础设施、与人的沟通等问题，思考具体的解决之道。同时也一并思考该怎样将这些解决的对策付诸实践。

首先关于价值链的问题，该怎么办呢？我们必须在一开始就明确目标顾客的群体。

到底谁才是我们的目标顾客呢？是现在这些购买夹菜面包的顾客吗？从KENTA面包房所处的商圈内顾客结构来看，主要顾客群体是女性居民以及上班·上学一族的男性顾客。其中，特别是原本常来店里的女性顾客群体也要重视起来。

由于她们喜欢店里的点心面包·丹麦面包，所以为了再一次吸引她们，有必要在产品开发上重新考虑。

之前好不容易塑造了一个“弘前之果”的招牌面包产品，可以在其名字和基本配方的基础上，开发出能吸引顾客的新产品。

当然，也不能眼睁睁地看着喜欢夹菜面包的这部分顾客流失。可以只保留现在热销的几款产品，然后大幅削减产品数量，这也是一种选择。不过，选择保留哪个削减哪个，不能只凭自己的感觉，而是要结合收银机中存储的数据来进行判断。

营业员待客的服务水平也是一个问题，有必要有针对性地进行提升。关于这个问题的解决之策，将放在之后基础设施的部分进行说明。

熟练使用思维工具

以上这些措施，都是基于图表59中对价值链问题的了解。改善价值链的问题，归根结底就是以提升销售额为目标。

所以，我们可以先想出若干提升销售额的方法，然后在现有的体制与资源允许的前提下，综合地去运用这些方法。

现有的做法是否能提升销售额？或者我们还需不需要提供新的服务？继续沿袭以往的做法是不是对老顾客的重视？还是说我们要增加新的顾客？我们可以用“逻辑树”图表的形式来进行讨论，这样更容易整理我们的想法和点子。

所谓“逻辑树”图表，此前也曾提到过，就是像从树干上扩展出新的枝叶一样，并且给每个部分命名。可以按照“上位”（如“提升销售额”）和“下位”（如“留住老顾客”“增加新顾客”）的概念来分层级，帮助我们找出本质性的问题并思考解决之道。

这是一种非常有效的思维工具，可以让我们没有遗漏或重复地进行理论化的思考。大家可以尝试用身边的事例来进行练习，直到能够熟练掌握（图表61）。

除此之外，还可以采用“头脑风暴”的方式，从各自给出具体的点子

图表61 思考如何提升销售额的“逻辑树”图表

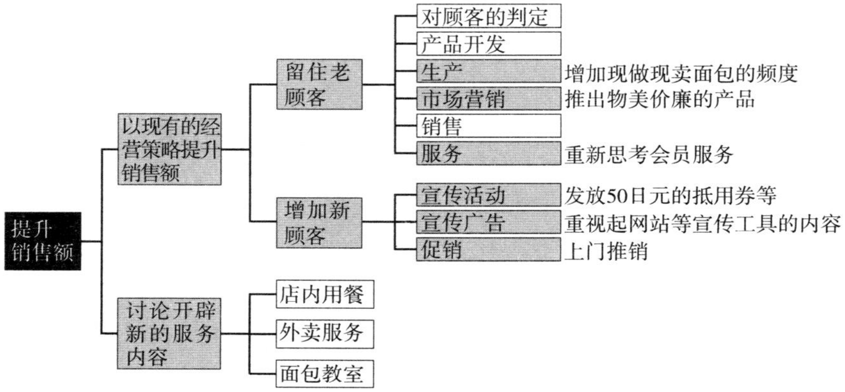

POINT 首先用“逻辑树”图表的形式写出可以提升销售额的方法，然后结合现有的体制与资源进行讨论，总结出新的解决对策。

中选出简单可行的方案。可以事先准备好一个框架，这样更容易帮助我们思考。关于可行性与效果，则留待之后进行评价（图表62）。

解决基础设施的问题

为了解决基础设施的问题，有必要先进行待客服务方面的培训，那么具体又应该怎么做呢?

有的人会认为“通过礼仪教室的培训来提升服务水平会比较有效果”，但是这并不是最佳的方法。应该根据不同的时间段来梳理店内待客的活动，了解各种情况下所必需的态度和沟通技巧之后，再去思考该采取怎样的训练才更有效（图表63）。

当然前提是要对接待顾客的意义、以顾客满意为最终目的等方面先达成

图表62 用于催生许多新点子的矩阵

商品·服务 \ 顾客	现有的做法	新的想法
新的想法	关注现有顾客的潜在需求，增加面包以外的商品 –推出低糖的夹菜面包（预防糖尿病） –开发供加班或夜宵食用的面包 –连带销售可与面包一起食用的食品或饮料等 –推出礼品装的点心	在满足现有顾客的需求的同时，面向新的顾客提供新的商品、新的服务 –开辟可在店内用餐的区域（吸引老顾客） –推出面包的外卖送餐服务 –举办面包教室 –举办各种活动，提供聚会沙龙的场地
现有的做法	–推出限时优惠促销活动 –面向午餐市场推出含三种面包的500日元套餐 –提升招牌产品的质量（现做现卖、选用上等的原材料等） –真诚地与常来店里的熟客进行交流 –用会员消费积分以及每日一种会员特惠面包，留住顾客 现有的主要顾客是在附近上班的男性群体。午餐以夹菜面包为主	–推出吸引老顾客重新来店消费的活动 –积极应对附近老年人的早餐需求 –满足喜欢吃甜味面包的顾客需求 –向附近的咖啡店提供面包 现在的主要顾客群体与其他的目标顾客群体

POINT　可以利用矩阵的形式，将想出的各种想法填入相对应的栏目中，这也是很有效的一种方法。

图表63 思考员工培训的问题

解决问题的方向：营业员可能从来没有系统地学过有关待客方法的知识，因此有必要从零教起

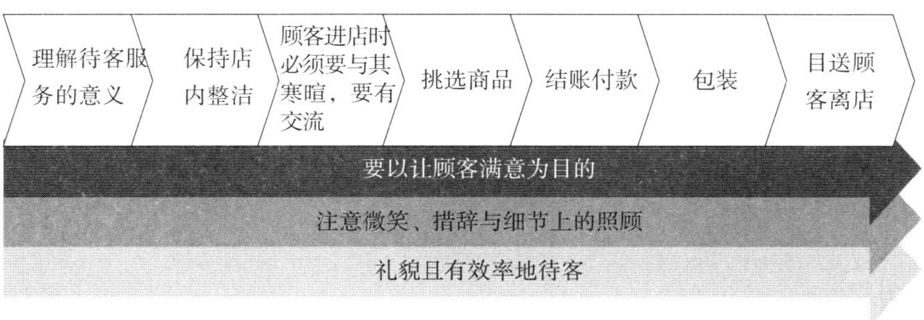

POINT　在考虑员工待客服务的培训时，首先要思考待客的具体流程，然后按具体的场景学习必要的技能知识等。

共识，只有在此基础上，接待顾客的技巧和对顾客的照顾才真正有意义。

在接待客人之前还有面包制作的环节，其中也会涉及对现做现卖面包的陈列流程，所以也有必要向负责这块的员工学习相关的摆放方法。

构建顾客数据库

接着，来看看顾客数据库的建立。首先必须要明白的一点是，我们获取顾客信息的目的，不应该是“为了搜集而搜集”。

KENTA面包房由于此前没有主动地去了解顾客，所以制定了错误的经营策略，导致业绩下滑。为了避免这种情况，我们需要利用搜集来的顾客信息进行深度分析，并借此与顾客之间建立起信赖的关系。这才是我们搜集顾客信息的真正目的。

那么，我们该搜集哪些信息？该以什么样的方式搜集？又该如何利用好这些信息呢？

该搜集哪些信息？

作为面包房来说，需要搜集的信息内容可分为以下三类。

- 有助于判定目标顾客的信息
- 有助于决定开发和销售何种面包的信息
- 有助于市场营销和销售方面的信息

在判断目标顾客时，除了性别、年龄层（分成三组即可）外，还可搜集家庭食用、上班食用、送礼用等不同用途的相关信息。

此外，时常开发出新的面包产品也是非常重要的一件事。如果总是没有新产品推出的话，会让人失去新鲜感，顾客对店内的产品也会感觉乏味无趣。

通过与经常来店消费的熟客进行交流，或者定期进行问卷调查等形式，了解自己辛苦开发出来的面包的市场反应，以此来判断这款产品到底是成功的还是失败的。

在价格方面也可以多做些尝试，如推出价格不便宜但让人感觉物有所值的面包，或者是价格和品质都稍低一些的廉价面包，还可以将当季的丹麦面包提价到比普通面包贵50日元的价位进行销售。也需要重新思考提供给会员的服务，如会员积分的使用规则等。

而市场营销和销售方面有用的信息，则是顾客的姓名、生日、家庭住址等。

该以什么样的方式搜集？

搜集这些信息的方式，也可大致分为三种。

具备计算机功能的新型收银机是强有力的工具，在导入数据后，就可以向厂家或店主提供他们最想了解的信息，而且还具备进行分析的功能。

加入店铺会员的申请表格，也是很有用的信息搜集工具。即使是很介意提供个人信息的人，为了获得会员的优惠资格，也会填写比较详细的信息。在做问卷调查时，也可以要求调查对象在个人属性一栏中填入个人信息，并且每做完一份问卷就免费赠送一个面包。这样可以搜集到更多的有效问卷，并且也能了解到平时不容易听到的意见。

搜集到的信息不仅可用于产品的开发，也可通过其他形式来加以利用。

图表64 创建顾客数据库并加以利用

目的：让顾客满意，同时也便于向顾客提供增值的服务

该搜集哪些信息？ → 该以什么样的方式搜集？ → 如何利用好这些信息？

	收银机	会员申请表	调查问卷	
目标顾客的判定				按照性别、年龄层了解顾客的人数分布。还可按照购买面包的用途来分析整体的分布，弄清楚目标顾客到底是谁。
·男女	○	○	○	
·年龄层	○	○	○	
·家庭食用/上班食用/送礼用			○	
了解消费的需求				统计并制作热销产品的排名，有利于分析价格与销量之间的关系，可用作定价的参考依据。了解使用会员积分的顾客比例和利用率，重新思考积分规则。
·想要购买的产品	○	○	○	
·价格	○	○	○	
·是否使用会员积分	○	○	○	
用于市场营销和销售方面				能说出顾客的名字，在生日时送上打折券。
·姓名		○	○	
·生日		○	○	
·家庭住址		○	○	

POINT **搜集顾客信息有利于帮助我们理解“如何才能与顾客构建信赖的关系”。不能仅仅满足于搜集到的信息，要预先做好准备，最大限度地利用好这些信息。**

如在接待顾客时若能直接叫出对方的名字，或者在对方生日时送上祝福的信息和打折券，这对于喜欢吃面包的顾客来说，一定会是意外的惊喜。

改善店内氛围

关于店内的氛围以及布局等问题，又该如何解决呢？大家愿意常去的面包房，一定也是氛围很棒的店吧。那么这样的店，到底好在哪里呢？

主要是诉之于人的“五感”或“六感”方面的感受。在进店之前，就能在店外看到里面热闹的场景，这会提高人的期待感。进到店里后，视线的前方就是本店的招牌产品，看起来就像在对客人说“快来吃我”。在其周围摆

放有其他烘焙得色香味俱全的面包，面包的陈列方式也非常讲究，让人感觉琳琅满目。

此外还能看见在厨房中制作面包的过程，调动起顾客对面包的兴趣。店内播放着轻快的背景音乐，营业员清脆的招呼声“欢迎光临”“感谢惠顾”，这些都会无形中提高顾客的购买欲。

“新推出的牛奶蛋糊面包出炉啦！”营业员时不时的叫卖声，无疑让整个店内的氛围变得更欢快。加上事先通过网站主页或产品海报告知顾客面包出炉的时间，效果会倍增。

空气中飘着面包的香味，提供新产品的试吃或者小饼干等，会让顾客更加开心。钟爱吃面包的人最喜欢的，就是用夹子夹取热气腾腾的派和月牙面包。

图表65　改善店内氛围

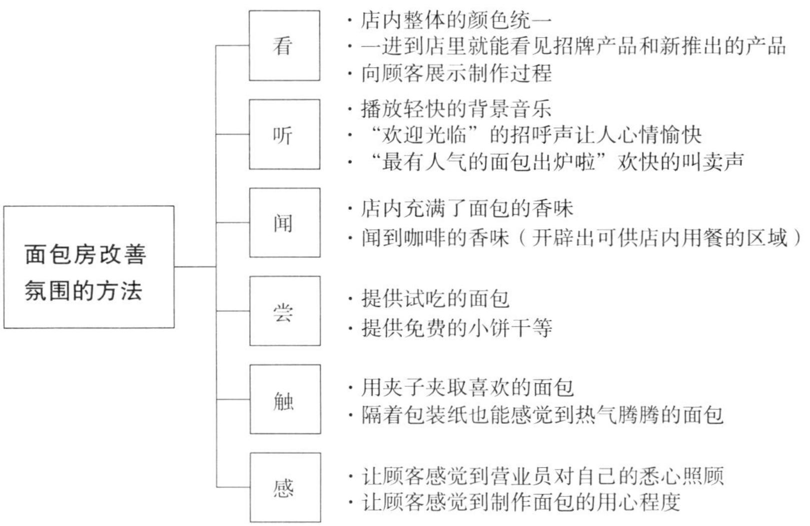

POINT　为了有效改善店内的氛围，可在“六感”上多下功夫。

像这样通过看、听、闻、尝、触“五感”，让顾客亲身体会到店内的氛围，同时也反映出了顾客在店主与员工心目中的位置，以及这家店从事面包行业的专业程度。营造店内氛围的作用，就在于能将店内全体员工的这种意识传达给顾客。

而全体员工是否都了解这些基本的想法，也会对整体氛围的营造带来较大的影响，这不仅限于零售业或服务业，对于B to B商业模式的公司来说，也是同样重要的。

提升沟通的质量

关于“人的问题”，一般都是在沟通上出现了问题。那么这又该如何解决呢?

KENTA面包房倒不存在公司内部沟通交流的问题，只是店主一方在与员工进行交流方面缺少努力。可以说，连最基本的沟通都没有。

单就提高沟通效率来说，通过开例会或者每天开早会的方式，无法得到根本的解决。作为店主，应当将为什么要开面包房、以什么样的心态来对待这份事业等这些“价值观”的内容，传递给手下的员工。因为创业的理念与梦想，是所有事业活动的根基。

在此基础上，为了实现这些想法，还需要让每一名员工了解其所负责的活动领域、工作流程，以及要达成的目标，让他们形成主人翁的意识。当每一个人都清楚地知道自己的目标在哪里、该如何去工作时，公司内部的沟通交流将会发生很大的变化。

此外，为了让具体的工作流程之间配合得更加默契，还需要深入地了解与他人配合的方式。对商业活动上常用的“报告、联络、商谈”等方法进行

图表66　解决沟通交流的问题

解决的方向：店主要反省自己与员工沟通的不足，要向员工传授运营店铺的基本想法以及提高工作质量的方法，让全员理解公司的发展离不开每一位员工。

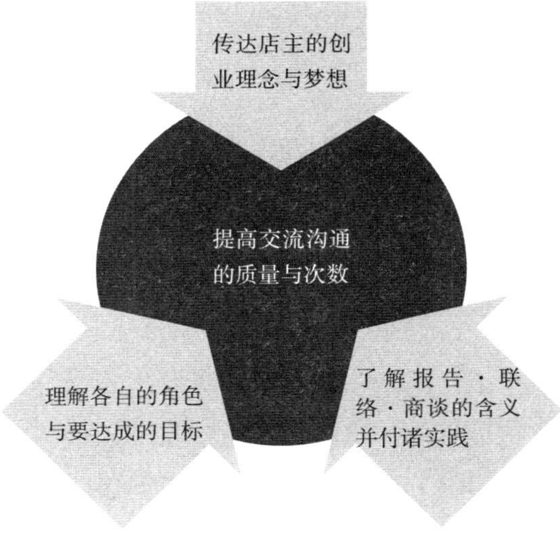

-了解店主的价值观，理解整个企业的发展目标

-理解各自的角色和要达成的目标，思考自己该做些什么

-了解如何运用商业的基本知识，来改善工作环境

POINT　**公司内部的沟通交流，应以改善工作环境、提高员工满意度为目的。要促进员工对“店主的价值观、每个人的角色以及要达成的目标、各工种之间的默契配合等”的理解与实践。**

说明，培养团队的意识。

通过传递梦想和理念、实现对各自角色与目标的共鸣、构建团队等形式，能够让内部沟通交流的质量与数量有显著的提升（图表66）。

30 付诸实践并取得成果

不要指望别人

关于KENTA面包房所面临的问题的解决对策，我们已经说了很多，当然关键是能将这些对策付诸实践并取得成果。因此，我们有必要思考在什么时候选择何种对策，并如何实践。

常常在一些大型企业中听到这样的说法：“已经想出了解决的对策，剩下的就交给某某某去执行吧。”我想这是因为找出问题并想出解决的办法这个过程本身已经颇费周折，所以难免就想将此当作暂时的终点了吧。这感觉就好像跑步比赛时，好不容易撞到终点线，结果却被人提醒说：“还没完呢，为了能够获得实际的成果，还请你再往前跑。”

但是反过来想想，能让这些对策获得成果的，也真的只有通过自己的双手和头脑去认真了解过问题并思考解决对策的人了。因为，现阶段大家才是最了解自己公司状况的人，并且都抱有让公司业绩提升哪怕一点点的强烈想法。

一般人可能都没有这样想过，都只想着怎样让自己更轻松吧，所以，各位的这种精神才是弥足珍贵的。也正因为如此，才希望大家能够再努力一点，哪怕一小步，毕竟我们离成功只有一步之遥了。

决定从哪方面入手

我们已经想出了很多用于解决问题的对策，但是接下来该怎么做呢?

已知的对策有：对目标顾客的再判定、开发满足顾客需求的新产品、为提高营业员的待客服务能力而进行相关的培训。

还有，让从顾客和员工的立场出发的店铺运营理念在全体成员中达成共识、创建和利用好顾客信息数据库、改善店内的氛围、重新思考公司内部交流沟通的机制……

我们不能胡乱地去实施这些对策，而是要有一定的思路，如按照每项对策的重要性以及因果关系，或者按照需投资金额的多少来安排实施的顺序，也可以将类似的对策进行归纳然后一并执行。那么，具体到KENTA面包房来说，一开始该实施的是何种对策呢?

产品开发当然是很重要的一环，但是其必须建立在对目标顾客的了解之上，如果对目标顾客的判定模糊不清，或者顾客信息搜集不足，就会导致错误的产品开发方向。

而且，开发新的产品也需要一定的时间。所以，这里建议先考虑那些能较快见到成效的对策。

基于以上思路，可以将对顾客和营业员立场的理解、交流沟通的改善、待客技巧的培训等等作为一个大的项目先行投入实施。一般来说，针对销售部门的解决对策，都能很快看到成效。

与之同步进行的，还有构建顾客信息数据库的工作，包括以往通过问卷调查搜集的信息，也要认真地整理好。另外，投资购买带有数据分析功能的新型收银机也是必不可少的，而且应尽快实施。

产品开发方面，可以搜集“市面上流行的面包”的相关信息，并制作一些试吃产品以观察市场的反应。

收集上来的反馈信息中，普遍受关注的“焦点产品”就是新产品的开发方向。

此外，试错也是很重要的。将失败的产品及其配方也记录在数据库中，这能让我们从失败中学到经验。

关于店内氛围的改善，有很多可以立刻着手实施的内容。可以将这方面的工作交给桃子，并让她给出相关的方案。

无论哪项工作，都要制定好推进的时间安排并由专人负责，否则到最后可能仍是一成不变（图表67）。

图表67　将解决的对策付诸实践

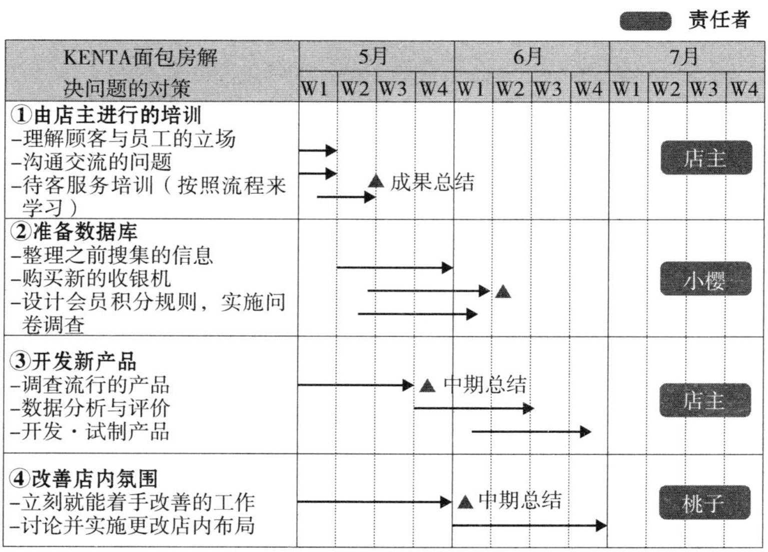

POINT　明确对策实施的时间安排与责任人很重要。

31 大家都能取得成果

任何公司都适用的方法

到目前为止，我们都是以KENTA面包房为例，来一起思考如何找到公司问题的“路标”以及如何思考解决的对策，而且都是以尽可能简单的方式来进行说明。

如果贵公司的商业模式也是与面包房类似，需要运营店铺并直接面对顾客，那么可以将本书中所说的“发现问题、想出解决对策、付诸实践取得成果”的方法直接照搬应用。请大家务必都去尝试一下。

先从对销售额、市场份额的变化及收益性、生产效率的变化的分析开始入手，然后结合搜集到的数据与对顾客的观察，思考自己所在的“产品或服务市场”中是否还存在机遇。

接着绘制出本公司或所在部门的价值链图表，思考哪个环节比较薄弱，以及造成的原因。此时，也别忘了对顾客和公司内部的员工进行访谈。

通过以上步骤，应该就能找出业绩迟迟得不到提升的问题所在了，之后再思考相应的解决方法并付诸实践。即使每家公司所涉及的具体产品和服务都不一样，但这个思路与步骤是不变的。不用想得太复杂，先去尝试着做一做。实践才是最好的训练方式。

那么，对于零售业或服务业以外的企业来说，又该怎么办呢？各位完全没必要担心。

从整个公司的业绩推导到自己部门的业绩，这是惯用的做法，因此我们首先要做的，还是将整个公司的业绩变化与本部门的变化进行对比，客观地评价本部门对整体业绩的贡献。

通过这一步，能够让我们原本对问题模棱两可的“直觉”，转变为真实的“确信”，这已经是一大进步了。

然后，思考市场的成长机会，并且为了了解价值链以及基础设施方面的问题，还需要进行相应的访谈工作。将结果整理成框架，可以让我们注意到之前忽视的问题点。

无论是什么行业或组织，了解其基本的数据并绘制出图表，然后对熟知顾客和公司情况的人进行访谈，这都是亘古不变的重要步骤。只有让我们头脑中原本混乱的信息变得清晰，才能思考出成功率较高的解决对策。

说到这里，相信还是会有人疑惑像保险公司或建筑公司这样的企业，也能适用这一套方法吗？有些读者也会想如果不是B to C而是B to B的商业模式的话，又该怎么办呢？这里也请大家放心，B to B也好，B to G（以政府或团体为对象的商业模式）也罢，都完全可以使用相同的方法。

笔者之所以能为所有的公司提供咨询服务，而不是仅帮助某个特定行业或商业模式的企业去解决问题，靠的并不是在某个专业领域方面所拥有的“知识”，而是思维方式上的“智慧”。

因此，只要能将本书中所说的“思维方式与做法”付诸实践，相信无论是哪种行业，甚至学校、医院也好，都能够找到解决问题的对策。

事实上成功率有40%

虽然略显啰唆，但还是要将重要的步骤再次梳理一遍。

· 通过事实数据了解本公司或部门的业绩变化。

· 通过事实数据了解市场的成长机会，通过对顾客的观察掌握整个市场的情况。

· 按照时间顺序梳理事业和业务的流程，绘制出价值链。

· 将价值链用作发现问题的思路，不用太在意小问题，而是要将重点放在大的问题上。

· 思考解决该问题的对策，同时在实施对策时，也要注意企业基础设施与人员方面的问题。

通过这样的总结，我们知道仅靠这五个步骤，就能帮助我们取得最终的成果。

我在BBT大学开设了教授如何解决问题的讲座，在研究生一年级升到二年级的阶段考试，还有四年级学生的期终考试中，都会要求他们提交关于“自己解决职场问题的实例”的论文。

只有能够明确问题点并思考出解决对策，然后将其运用于实践，最后获得了一定成果的人，才会给他的论文评A。那么，大家猜一猜最终获得A的人占比有多少呢?

也许会让你大感意外，实际上有30%到40%。也就是说，这部分人是真正思考了如何去解决问题，并通过实践取得了实实在在的成果。

他们与大家一样，原本都只是解决问题的“门外汉”，但是通过搜集基于事实的数据，思考绘制出图表，然后为了了解顾客的需求而去走访各路人士，并与上司、同事一起讨论研究解决的方法，最终见到了成效。

所以，希望大家也能够有“只要按照正确的步骤就能取得成果”这样的自信，去亲自尝试一下。

让顾客感到满意，整个店的生意才会兴隆，让员工体会到自己工作的价值，才能让企业的前景变得明朗起来，也能得到更多顾客的支持，整个业绩会越来越好。这样一来，与这家企业或商店相关的人才能过上更加快乐丰富的人生——这是笔者一直坚信的。

为此，请大家一定要好好努力啊！

说给问题解决者的话

据我所知，无论是大企业还是中小企业、小微企业，都会有想让自己部门或公司变得更好的人。

有的人是为了业绩提高后自己的工资和奖金也能水涨船高，而有的人则是想着业绩好了大家都会开心，这样整个部门和公司的氛围也会更轻松。当然，这其中也有人是出于某种本能，仅仅是想改善工作的环境而已。

不管是什么样的动机，正是由于这些想要让公司或组织变得更好的人的存在，才让顾客以及同公司或组织的同事也能够受其“恩惠”。

想要让业绩变得更好并为之努力的人，同时也是为了其他人的利益而绞尽脑汁的人，像这样抱有崇高志向的人越多，整个公司向上发展的机会也就越大。

掌握解决问题的思路并能付诸实践，这绝不是一件简单的事情。当面对有此志向却苦于不知该从何下手的大家时，作为曾经学习过如何解决问题并亲身实践过的笔者，有责任以更加简单的方式，教授解决问题的思路与实践方法。

也许本书中的内容，还是会有一些难以理解的地方，但是希望大家能先按照书中所说的方法去实践，然后告诉我你都取得了什么样的成果。我在这里由衷地为各位加油鼓劲！

后　记

用数据和图表改变会议形式

我曾经为很多的企业、团体和大学等提供过咨询顾问的服务，虽说这些单位在开会时所使用的大部分资料，也是为了展示事先想好的“要表达的内容”，但在我看来也不过都是些粗糙的原始数据而已。

在分析思考问题时，依据提前搜集好的数据进行讨论，有利于帮助我们排除先入为主的观点。但是，如果从一开始就设定了结论或主张，然后再去寻找与之对应的数据，这就本末倒置了。

还有一个问题，就是搜集到的数据未必都足够充分。在开会时我也常会指出：“要想推导出这个结论，必须要对这三点加以证明，可是你所准备的数据只能证明其中之一而已，所以这个结论是不成立的。”那么，为什么会发生这种情况呢?

对于受过相应训练的人来说，要想从一堆数字所构成的数据中，读出其“背后的信息”都是一件比较困难的事，就更不用说那些从来没有过相关经验的人了。思考信息的含义，从而分析并发现出问题，这是一个完整的“逻辑”顺序，然后还要从中推导出结论，我想很多人都没有过这样的经历吧。

所以，最后的结果就是，不但无法找到足够的数据来支撑自己的结论，就算是面对“事先已决定的结论与主张”，也给不出反驳的意见，最终全场就只剩荒唐滑稽的附和而已。

为了让这样的悲剧不再上演，请大家在今后的会议中尝试运用图表的方式来进行说明和阐述。然后，遇到有疑问的地方，大家可以坦率地交换意见。对于图表中的疑问，可以去寻找相应的数据，然后再将其图表化。

也许还是有人会觉得这样的方法比较麻烦和困难。因此，本书中不仅介绍了思维方式，也尽可能简单易懂地讲解了该如何绘制图表。特别是对于想要传达的重要信息，不能只用文字来描述，还要学会以图表等视觉化的手段来表达出你的思路。

差不多18年前，在我成立事务所的第二年，为了向更多人传授解决问题的思维方式，我对迄今为止所学的知识进行了梳理总结。

之后，结合为受雇企业内部员工进行的培训活动（以培养具备解决问题的能力为目的），以及BBT大学超过2万人次的学习，我又补充了新的知识与“闪光点”，让整个讲义的内容不断地更新。

同时，将之前在与受雇企业的员工一起思考和解决问题的过程中所学到的东西也加入了进来，形成了一个庞大的知识体系。我想，只要时代还在变化，还有苦于寻找解决对策的企业经营者、管理者存在，解决问题的思维方式就会一直进化下去。

现在我所掌握的解决问题的思维方式，与最开始相比，范围更加宽广，甚至能够根据对方的思维模式，改变我的说明方式以便让对方更容易理解。

我希望的不只是单纯培养出能够解决问题的人才，而是要培养出“真正值得信赖的人才”。所谓“值得信赖的人才”，也就是能让许多人追随的领导型人才，也许这听起来有点自不量力，但真的希望能为培养这个时代的领导型人才贡献出一份微薄之力。

2015年9月份开始，我面向日本人以外的人群，首次尝试以英语的形式讲授解决问题的思维方式。几乎与本书的出版是同一时间，英文版的问题解决课程已经在BBT大学上线。真的感到非常高兴。

希望大家都能够作为组织或企业中解决问题的先锋，积极实践本书中所介绍的提升企业业绩的方法。哪怕是能够让贵公司的业绩有一点点的提升，让组织或行业中的大多数人都感受到快乐，我也将由衷地感到欣慰。

在本书的写作过程中，得到了来自敝社分析师蒲田君的大力协助。虽然还只是新人员工，但他非常努力，在此对他表示感谢。

还要谢谢Diamond出版社副主编木山政行一直以来的关照，借这个机会向其表示深深的谢意。

Business · Breakthrough大学/大学院 教授

ForeSight& Company董事长

齐藤显一

2016年3月于东京事务所办公室

养成用图表进行思考的习惯

从我大学毕业进入ForeSight& Company开始企业顾问的工作，距今差不多已20年过去了。在本书一开始所说的那个女学生身上，仿佛也看见了自己还没成为专业顾问时的影子。

进入公司后每天做的就是跟着受雇的企业团队一起，绘制图表然后进行讨论，直至弄清楚该公司目前的状况与存在的问题。

与我当初刚开始工作时相比，现在这个时代的信息量有了跨越式的增长，信息的搜集与分析工作也变得更加轻松。以前必须要去图书馆查阅资料才能获得的数据，现在通过互联网只需几秒钟就能下载得到。此外，还可以免费获得可信度较高的长期统计数据。

以前，要在方格纸上用直尺与圆规耗时耗力地手工绘制图表（这是齐藤说他在麦肯锡咨询公司工作时的经历，我自己并没有体验过……），而现在利用电脑程序，瞬间就能做出各种形式的图表。

随着信息系统以及各种软件工具的进化，出现了与以往完全不是一个量级的“大数据”概念，实时的信息搜集与分析也为我们的工作带来了巨大的变化。数据分析师已经成为21世纪最性感的职业，在未来，只有清楚该搜集什么数据，并将其应用到商业运作上的革命型企业，才会更有市场竞争力。

但是，就像本书中一直强调的那样，分析数据并非一定要具备只有数据分析师那样的专业技能。现在，时常与我们一起坐下来分析数据、绘制图表并进行讨论的受雇公司团队，其成员都是经营与产品开发方面的专家，而不是专业的分析师。

正因为他们工作在第一线，可以将自己对公司的深入了解与数据相结合，思考出解决问题的对策。不管数据量如何增加，软件如何进化，用图表进行思考的方法要点，是始终不变的。

本书中，我们将致力于在商务活动的第一线分析解决问题的人，叫作“非专业的实践者”，但我想在每个团队中应该都会有这样的人存在吧。

实际情况是什么样的呢？他们可能从来都没用过图表来分析问题，所以需要通过具体的项目，来让其亲眼见到由此带来的种种变化。

当我们将业绩等数据图表化，并对此进行讨论，排除掉之前先入为主的观点，或者将流程以概念图的形式表现出来，以便大家充分地交流意见，当他们亲身体会到依靠这种方式迸发出了之前从未有过的想法和点子之后，自己逐渐也会开始学着去绘制图表了。

甚至到后来他们能绘制出让我们大吃一惊的前所未见的图表，这样的事例屡见不鲜。所以你看，只要能有一个契机，人们都会掌握用图表来进行思考的方法。

希望各位读者能以本书为“契机”，努力去理解企业活动的流程，并掌握与之相关的各种类型的图表。

为了让大家在掌握整体流程时更加有的放矢，书中还介绍了图表绘制过程中的一些细节要求、个别图表的绘制方法以及让图表更容易理解的诀窍等。虽没有进行太过深入的讲解，但相信大家都已体会到用图表来进行思考的乐趣了吧。

另外，这里要向以解决问题为目标制作概念图的人，推荐一款名为“SOLO”的软件。相较于大部分人常用的Excel或PowerPoint，这款麦肯锡咨询公司也在使用的SOLO软件，拥有更加丰富的图表模板，能够便捷地制作出复杂的图表。有兴趣的读者，可以浏览弊社主页上的详细介绍（http://forsaito.co.jp/solo/purchase#b01）。如果各位读者在看完本书后，能够着手去尝试实际绘制图表和概念图，那将是我无比欣喜的事情。

Business・Breakthrough大学/大学院 专职讲师
ForeSight& Company高级顾问
竹内里子

2016年3月

图书在版编目（CIP）数据

麦肯锡图表工作法 /（日）齐藤显一，（日）竹内里子著；金磊译. —北京：中国友谊出版公司，2017.6（2017.11重印）

ISBN 978-7-5057-4041-9

Ⅰ. ①麦… Ⅱ. ①齐… ②竹… ③金… Ⅲ. ①企业管理—图表 Ⅳ. ①F272-64

中国版本图书馆CIP数据核字（2017）第105238号

版权合同登记号 图字：01-2017-3976

书名 麦肯锡图表工作法
作者 （日）齐藤显一 竹内里子
译者 金 磊
出版 中国友谊出版公司
发行 中国友谊出版公司
经销 新华书店
印刷 三河市冀华印务有限公司
规格 700×980毫米 16开
14.5印张 180千字
版次 2017年9月第1版
印次 2017年11月第2次印刷
书号 ISBN 978-7-5057-4041-9
定价 39.80元
地址 北京市朝阳区西坝河南里17号楼
邮编 100028
电话 （010）64668676